Deutsche Kriegsschriften

1. Heft:

Warum hassen uns die Völker? Von Dr. **M. Hirschfeld** in Berlin. **Preis 80 Pfg.**

2. Heft:

Geld und Kredit im Kriege. Von Bankdirektor **Julius Steinberg** in Bonn. **Preis 80 Pfg.**

3. Heft:

Von der Neutralität Belgiens. Von Geh. Reg.-Rat Prof. Dr. **A. Schulte** in Bonn.
Preis brosch. 2 M. 40 Pfg., geb. 3 M. 20 Pfg.

4. Heft:

Kontinentalpolitik. **Ein Zukunftsbild.** Von einem rheinischen Großindustriellen. **Preis 60 Pfg.**

5. Heft:

Vom Krieg und vom deutschen Bildungsideal.
Von Prof. Dr. **E. Küster** in Bonn. **Preis 60 Pfg.**

6. Heft:

Der Sinn deutschen Kolonialbesitzes. Von Prof. Dr. **Kurt Wiedenfeld** in Halle. **Preis 80 Pfg.**

7. Heft:

Charakter und Politik der Japaner. Von Dr. **W. Prengel** in Berlin-Steglitz.
Preis 80 Pfg.

In Vorbereitung sind:

Kriegsbriefe einer Frau. Von **L. Niessen-Deiters.**

Die Charaktereigenschaften der Engländer. Von Prof. **A. Schröer** in Köln.

Deutschland und Frankreich. Von Dr. **W. Platzhoff** in Bonn.

Volk oder Staat. Von Dr. **Heinz Potthoff** in Düsseldorf.

A. Marcus & E. Webers Verlag (Dr. jur. Albert Ahn) in Bonn

Von der
Neutralität Belgiens

Von

Dr. phil. et jur. Aloys Schulte
Professor der Geschichte an der Universität Bonn
Geheimer Regierungsrat

Bonn 1915
A. Marcus & E. Webers Verlag
Dr. jur. Albert Ahn

Druck: Otto Wigand'sche Buchdruckerei G. m. b. H., Leipzig.

Inhaltsverzeichnis.

I. Geographische und geschichtliche Voraussetzungen der Neutralität.

Europa hat drei Punkte größter politischer Spannung. Der eine ist die älteste der Hauptstädte Europas, die seit Konstantin dem Großen bis heute die Wasserstraßen, die Europa und Asien, das Schwarze Meer und das Mittelmeer zugleich trennen und verbinden, beherrscht. Der zweite liegt in der höchsten Erhebung unseres Erdteiles. Wer das Alpensystem völlig beherrscht, würde bei der heutigen Wegsamkeit der Alpentäler und Pässe über Italien entscheiden; aber im Laufe langer Jahrhunderte entstand, vorwiegend durch ihre Paßlage begünstigt und geschützt, die Eidgenossenschaft, das Werk politisch und militärisch sehr befähigter Generationen von Männern, die in großer politischer Klugheit sich behaupteten, selbst Napoleon brach dieses historische Gebilde nicht. Es war an sich nicht stark genug, die umliegenden Großflächen zu unterjochen, aber es hatte durch die Natur wie durch die eigene Tüchtigkeit so viel Kraft, die um Europa ringenden Großmächte von seinen Bergen fernzuhalten. Auf dem Boden der Schweiz liegt kein Schlachtfeld, auf dem Europas Geschick entschieden worden wäre. Langsam erwuchs als leitender Gedanke des Staatengebildes hervor, sich aus allen Kämpfen fernzuhalten und von außen trat die Billigung der Großmächte der längst gewollten Neutralität der Schweiz hinzu. Von allen

Eidgenossen getragen ist diese Vergünstigung des Landes auch beschützt durch ein Heer, das jedem Angriffe heftigen Widerstand entgegenstellen würde, und vor dem Angriffe auch behütet durch eine Diplomatie, deren allererstes Ziel ist, diese Neutralität nicht zu verletzen, sondern durch die Tat wie in Wort und Schrift diese moralische Pflicht zu erfüllen.

Für den dritten kritischen Punkt ist die Neutralität ein von außen herangebrachtes Auskunftsmittel. Die noch viel größere Spannung hatte aus Belgien das Schlachtfeld Europas gemacht. In dem Jahrzehnt, da Europa den stärksten Willen zur Einigkeit hatte, entstand unerwartet hier ein neues Staatsgebilde, dem Europa nur dann die Anerkennung gewähren konnte, wenn es als neutral erklärt wurde und sich erklärte.

Allen drei Gebieten ist es eigen, daß sie nicht die Stätte eines einheitlichen Volkes sind. Am Bosporus endete die Stoßkraft der Bulgaren wie die räumlich geschlossene Siedlung der Türken; die Schweiz und Belgien sind durchzogen von dem Grenzlaufe deutscher Sprache und ihrer Abart, der vlamischen. Völkische Mischung blieb bestehen.

Wer dem Lauf der Kanalküste von Ostende südwärts folgt, der entdeckt, stets der Kette deutscher Ortsnamen folgend, noch südlich von Boulogne auf den Kalkhöhen Ortsnamen wie Widehem und Halinghen, deren deutscher Ursprung sofort sicher ist. Die einfache Tatsache ergibt sich, daß einst der Kanal auf beiden Seiten von germanischen Völkern umgeben war. Allerdings ist die Sprachgrenze um viele Meilen bis östlich der engsten Stelle des Kanals zurückgewichen. Wer aber das Prinzip der Muttersprache zur unbedingten Grundlage der Grenzlinie machen wollte, müßte von Dünkirchen am Meere beginnen und dann die Grenzpfähle nach SW. bis gegen St. Omer streichen lassen und südlich von Hazebroek würde der Saum dem Osten zustreben, bei Lüttich die Maas überschreiten, um auf preußischem Boden bei Eupen scharf nach dem Süden zurückzubiegen. Das wäre für die Vlamen und die Deutschen, die sich bei Lüttich einander ablösen, eine nationale Grenze gegenüber den Franzosen und Wallonen. Nationale Grenzen erstreben aber viele Völker und wenn die Italiener die Friulaner zu den ihrigen zählen, so dürften sie auch dem deutschen Volke die Grenze bei Dünkirchen nicht streitig machen wollen.

Der Kanal trennt und verbindet die Nordsee mit dem Atlantischen Ozean, er ist die gemeinsame Pforte zu dem wichtigsten Hafen Englands (London), wie zu den großen Mündungshäfen des Rheingebietes, der Weser und Elbe. Wenn im Mittelalter ein Platz der Buntheit von Venedig vergleichbar war, so war es Brügge. Das große Rheinsystem hatte seinen Hafen seitwärts; wie Alexandrien zum Nil, Marseille zur Rhone, so verhielt sich Brügge zu der größten Nutz-Wasserader des damaligen Kontinentes. In den Gassen der Stadt traf der Romane des Mittelmeeres mit dem Skandinavier und Ostseefahrer zusammen. Nicht die Kunst, sondern die Natur verlegte den Haupthandel nach Brügge und seinen glücklichen Erben: erst Antwerpen, dann Amsterdam-Rotterdam, zu denen sich in der zweiten Hälfte des 19. Jahrhunderts wieder Antwerpen gesellen konnte. Dem Hafen von London stellen sich die des Kontinentes unmittelbar gegenüber, sie schauen sich ins Auge: der wichtigste Hafen der Insel und das Mündungsgebiet der Schelde, der Maas und des Rheins, das einen sehr erheblichen Teil des Kontinentes als Hinterland versorgt und durch dieses blüht und gedeiht.

Es liegt in der Ortslage begründet, daß am Kanal drei Kreise Interesse haben müssen: die Häfen der englischen Insel, wie die des Kontinentes südlich und nördlich der Meerenge, das heißt die Häfen von Frankreich und die des germanischen Küstengebietes. Wechselvoll ist der Anteil der einzelnen Staaten, wechselnd tritt es deutlicher oder unklarer hervor, daß der Kanal für England am sichersten ist, wenn ihm auf dem Kontinente ein Brückenkopf gehört, für Frankreich, wenn es die Sprachgrenze überschreitend den Hafen von Antwerpen und womöglich auch die von Rotterdam und Amsterdam unter Kontrolle nimmt und für die germanische Welt war die Sicherung gegeben, wenn eine Barrière die historisch ihr angehörenden Gebiete bis jenseits der Meerenge umschloß. Jede dieser Mächte war gedrungen, das eigene Sprachgebiet zu überschreiten, am wenigsten die deutsche.

Das Mittelalter kannte das Nationalprinzip nur in sehr schwacher Form. In dem großen Weltreiche Karls des Großen, das Napoleon erneuerte, waren die deutsch-französischen Gegensätze aufgehoben und so wurde es dann zerschnitten, daß die Grenze den Meeressaum an der südlichsten Hafenstelle des Mündungsgegebietes teilte, nördlich von Brügge. Die Sprachgrenze war nicht beachtet: das germanische Flandern blieb bei Frankreich, größer waren die französischen Landschaften, die dem deutschen Reiche im Binnenlande verblieben.

Obwohl das Gebiet des heutigen Belgiens demnach im Mittelalter auf zwei Staaten sich verteilte, der viel bedeutendere Teil stand zum deutschen Reiche, der kleinere zum französischen, so entstand doch in der Grafschaft Flandern eine Herrschaft, die beiden Staaten angehörte. Durch das Recht der

Heirat und des Erbes kam das Haus Burgund in den Besitz von Flandern und eines fast geschlossenen Gebietes von der Zuyder See bis weit nach Frankreich hinein, es entstand ein Staatengebilde, das — wenn auch nicht völlig souverän —, so doch tatsächlich fast unabhängig war und die reichen und politisch wertvollen Landschaften zusammenfaßte. Eine sprachliche Einheit gab es nicht.

Der Übergang an die glücklichen Erben, die Habsburger, und die folgenden Kämpfe löschten die letzten Reste von Abhängigkeit vom französischen Könige (1529) und Karl V. hat durch den burgundischen Vertrag den „burgundischen Kreis" von den Pflichten gegenüber dem Reiche ziemlich freigestellt. Das Gebiet stand zwar unter dem Schutze des Reiches, das Gesetz aber, welches diesen Schutz im einzelnen regelte, schloß es von seinen Wohltaten aus. Dieser Vertrag stellte diesen Kreis von fast allen verfassungsmäßigen Pflichten der anderen Kreise frei. Dem Scheine nach hatte dieser Vertrag dem deutschen Reiche die Landschaften Flandern und Artois hinzugefügt, in Wirklichkeit aber war die Unabhängigkeit dieser Lande nur noch verstärkt. Die burgundische, dann die habsburgische Politik war der Loslösung von älteren Gewalten nachgegangen [1]).

Der Gedanke, hier einen engeren, nur die in ihren Landständen geeinten Provinzen umfassenden Zwischenstaat, einen Pufferstaat zu begründen, ist mehr als einmal gedacht worden, aber er ward nie ausgeführt. Das burgundische Haus verwickelte die Lande in zahllose fremde Kämpfe und dann bil-

[1]) Vgl. Pirenne, Geschichte Belgiens (deutsche Ausgabe) 3, 169—175. Rachfahl, Die Trennung der Niederlande vom deutschen Reiche. Westdeutsche Zeitschrift 19.

deten sie ein Glied des spanischen Weltreiches, endlich fielen sie in dem seit der Abtretung der nördlichen Generalstaaten der Niederlande sehr verminderten Umfange an die österreichische Linie. Als Nebenlande der größeren Reiche wurden sie in die Kriege der Madrider, dann der Wiener Regierung verwickelt. Ein Pufferstaat lag abwechselnd im Interesse der Besitzer, der Nachbarn, häufig in dem der Untertanen. aber alle diese Versuche und Pläne Karls V. und seiner Schwester Maria von Ungarn, Oldenbarnevelds, des Kardinals Richelieus, seines Nachfolgers Mazarins, de Witts, die aus den Tagen des spanischen Erbfolgekrieges führten zu keinem Ergebnisse.

Mehr wie einmal waren solche Vorschläge nichts anderes als verkappte Vorbereitungen der Annexion Belgiens an Frankreich. Die offenen Vorschläge, die sich von Sully an hinziehen, die Kriege, die Frankreich darum führte, aufzuzählen, hieße fast die ganze Geschichte der Zeit aufrollen. Unstillbar war die Gier der französischen Könige, Generale und Staatsmänner, diese blühenden Provinzen, in denen seit dem Damenfrieden von Cambray 1529 Frankreich gar keine Rechte mehr besaß [2]), dem Königshause zu gewinnen.

Die Teilungsvorschläge, deren Zahl sehr groß ist, stammen zum Teil wie die von 1632 von Belgiern selbst, die zugleich auch von einem unabhängigen katholischen Gegenstücke der niederländischen Generalstaaten träumten.

In der Literatur werden oft Pläne, die einen Pufferstaat erstrebten, irrtümlich für Absichten auf die Errichtung eines neutralen Belgiens ausgegeben.

---

[2]) Pirenne a. a. O. 3, 124.

Belgische Schriftsteller feiern die Königin Maria von Ungarn, die für ihren Bruder die Lande verwaltete, als diejenige, die zuerst an ein neutrales Belgien gedacht habe. Aber ihr Brief vom 8. Februar 1536 zeigt, daß sie als Landesmutter auf ein momentanes Mittel greift, ähnlich wie ihre Tante Margarethe es schon 1528 getan hatte, durch eine Neutralisierung für den einzelnen Kriegsfall will sie ihrem Lande die Kriegsleiden ersparen. An eine dauernde Neutralisierung zu denken, waren beide Damen zu klug [3]).

Ein „neutrales" Belgien war doch auch das nicht, was der Kardinal Richelieu 1635 wollte, sondern es sollte ein „freier" Staat sein mit ewiger Offensiv- und Defensivallianz mit Frankreich und den Generalstaaten, unter dem Schutze der beiden mächtigen Nachbarn. Es war ein Mittel, um den von dem genialen französischen Staatsmann vorausgefühlten Kampf zwischen den Niederlanden und Frankreich hinauszuzögern; trat er aber ein, so wäre Belgien nichts gewesen als Spieleinsatz und Schlachtfeld zugleich [4]). Um die wirkliche Natur dieses Projektes zu finden, muß man, glaube ich, frisch heraussagen, beide Nachbarn wollen sich eine gegenseitige Barrière verschaffen in einem nicht mehr von den Spaniern in die große Politik gezogenen Lande von vollster Passivität, das seiner besten und wichtigsten Stellungen (Scheldemündung und Namur) vorher beraubt werden sollte. Es ist unrichtig, wenn Dollot sagt: „Der Kardinal hat die Verfassung Belgiens als unabhängiger Staat vorausgesehen und seine Neutralität

[3]) Pirenne, Geschichte Belgiens 3, 138, weicht mit Recht von der Darstellung seiner Landsleute ab.

[4]) Pirenne 4, 379. Dollot, Les origines de la neutralité de la Belgique 60, sieht zu Unrecht darin einen neutralen Staat.

vorausgefühlt, er hinterließ seinen Nachfolgern eine Überlieferung[5]." Der Plan reiht sich den anderen Schöpfungen dieses größten französischen Staatsmannes an, die unter Formen freier Bündnisse, scheinbar unbedeutender Rechte eine verhüllte, aber um so sicherer wirkende Abhängigkeit von Frankreich erstrebten und erreichten.

Auch die Angebote, die Ludwig XIV. dem Könige Karl II. von England 1677 machte, bezweckten nur eine momentane Wirkung, sie sind ebensowenig wahre Neutralitätsverträge, wie die von 1733 und 1756, von denen bald zu reden sein wird.

Seitdem die Interessengemeinschaft der Niederländer und Franzosen, die gegen Spanien gerichtet war, erlosch, seit den letzten Tagen des 30jährigen Krieges erhob sich bei den Niederländern die neue, nicht immer beibehaltene Auffassung, Belgien sei eine Barrière für das eigene Land und als solche zu beschützen. Die Fronten der belgischen Gebiete hatten bisher nach Norden und Süden hin behütet werden müssen, jetzt wendete sich — in der Zeit der Eroberungen Ludwigs XIV. — die Front — Ausnahmen abgerechnet — ausschließlich dem Süden zu und Belgien wurde die Vormauer der Niederlande, der sich allmählich zusammenfindenden Seemächte und ihrer kontinentalen Bundesgenossenschaft. Österreich, das deutsche Reich, Spanien und gelegentlich auch Savoyen bildeten diese. Im spanischen wie im österreichischen Besitze waren die belgischen Provinzen von dem Mittelpunkte ihrer Oberherrschaft zu weit entfernt, um in dringender Gefahr zureichend schnell militärisch unterstützt werden zu können. Hinter diesem kostbaren Gürtel von Festungen standen zu wenige landesherr-

---

[5]) a. a. O. S. 66.

liche Truppen. Half man sich vielfach, durch Soldverträge vor allem aus dem Reservoire der deutschen Kleinstaaterei schnell Truppen heranzuziehen, so war es doch schließlich ein sichereres System, dem zunächst an die belgischen Provinzen anstoßenden Nachbarn, den Niederlanden, ein Besatzungsrecht und eine Besatzungspflicht zu übertragen, wie das durch den Barrièretraktat geschah.

Die Sicherheit der Niederlande wie Englands waren durch den ungemessenen Ehrgeiz Ludwigs XIV. bedroht, als er die spanische Monarchie für seinen zweiten Sohn annahm. Die Antwort war die große Allianz der beiden genannten Seemächte mit dem Kaiser vom 7. September 1701, die in ihren Bestimmungen als Ziel aufnahmen, daß die einst spanischen Niederlande „als Deich, Bollwerk und Barrière dienten, um Frankreich von den Vereinigten Provinzen zu trennen und fernzuhalten". Im Friedensschlusse sollte diese Barrière eingerichtet werden.

Die Führung des Krieges in diesen Ländern war vorwiegend England und Holland zugefallen, sie glichen dann ihre Forderungen untereinander aus und zwangen in den Friedensverhandlungen erst Frankreich und dann Österreich ihren Willen auf. Der erste Barrièrevertrag vom 29. Oktober 1709 war unter dem stärkeren Einfluß von Heinsius zu sehr niederländisch ausgefallen, das glich der zweite Vertrag vom 30. Januar 1713 aus und seitdem verschwand der Küstenort: Nieuport — Ostende war schon früher auf die Seite geschoben — aus dem Rechte Hollands. Die Zustimmung Frankreichs war leichter zu gewinnen, der Kaiser mußte sich in der Not schließlich beugen und wie ein Besiegter das Gesetz annehmen, welches das ausschließliche militärische Besatzungsrecht in 7 festen Plätzen und das gemischte in einem weiteren mit voller militärischer und gerichtlicher Autonomie auf Kosten der belgischen Provinzen den Niederländern überwies.

Es war nach dem harten Willen der Eroberer gegangen, die sich ausdrücklich auf dieses Recht stützten, und Belgien diente nun der Sicherheit eines fremden Staates, der seine Truppen bis an die andere Grenze der Provinzen vorgeschoben behielt. Der Barrièretraktat von Antwerpen vom 15. November 1715 war für Österreich nur annehmbar in der Voraussetzung, daß die große siegreiche Allianz von 1701 dauernd bestehen bleibe.

Als das geregelt war, hat die französische Regentschaft wirklich im Haag und in Amsterdam den Vorschlag gemacht, durch Neutralisation der belgischen Provinzen die Ausführung des Barrièrevertrages überflüssig zu machen. Heinsius schob die Sache auf die lange Bank, er wußte, was er tat, die „Neutralität" wäre ja doch nur ein Mittel gewesen, um die Sicherung Belgiens herabzusetzen und dann hätte ein neuer französischer Ansturm um so leichter das Land erobert.

Das politische System Europas schwankte und wurde 1756 gründlich umgeändert, als Frankreich und Österreich, ihre alte Feindschaft aufgebend, Bundesgenossen wurden. Die Niederlande zogen sich entsprechend ihrem raschen Kräfteverfall aus dem Gebiet der hohen Politik mehr und mehr zurück. Sie behielten zwar in den Barrièreplätzen noch Garnisonen, aber so schwache, daß sie nicht ernsthaft ins Gewicht fielen. Die Barrière hat ihren Zweck durchaus nicht immer erreicht und Belgien wurde wieder mehrfach ein Kriegsschauplatz. In einzelnen Fällen blieb es jedoch vom Kriege verschont, doch beruht das nicht auf dem Barrièrezustand allein, vielmehr im polnischen Erbfolgekriege auf dem zwischen Frankreich und den Niederlanden abgeschlossenen Spezialvertrage vom 24. November 1733 und im siebenjährigen Kriege sicherten die Bundesgenossen Frankreich und Österreich durch einen neuen Vertrag den Ausschluß der Provinzen vom Kriege [6]).

Es war das System für Österreich wohl in der Ermattung nach dem spanischen Erbfolgekriege erträglich, ein ehrgeiziger Fürst, wie es Josef II. war, konnte aber diese Demütigung nicht ertragen und wirklich rückten die niederländischen Truppen 1782 ab.

Geschleifte und verfallene Festungen, wenige Garnisonen, mangelhafte Organisation — das war der militärische Zustand, als die französische Revolution nach Belgien hinübergriff und bald es mit Frankreich vereinte.

Noch einen Blick auf die englische Politik!

England trat im Zeitalter der Königin Elisabeth in die große kontinentale Politik als eine Macht ein, die das Interesse des eigenen Handels früher zum Leitstern nahm, als andere Länder. Schon vorher hatten englische Staatsmänner einen Brückenkopf auf dem Kontinent behauptet. Mit Calais war 1558 der letzte verloren gegangen. Ich streife nur Leicesters Anwesenheit in den holländischen Landschaften, die den Spa-

---

[6]) Unter den 76 Jahren, die dem Tode der Erzherzogin Isabelle folgten (1633) — 1633—1709 — sind für Belgien nach Brialmont, Considérations politiques et militaires sur la Belgique 1, 237 nicht weniger wie 53 Kriegsjahre. Es ist die Zeit der Angriffe Ludwigs XIV.! Von 1714—1790 — 76 Jahre — zähle ich nur 7 Kriegsjahre für Belgien, 2 entfallen auf den belgischen Aufstand.

niern zu erliegen drohten, wo sofort Vlissingen als Pfand den Engländern eingeräumt werden mußte.

Cromwell griff fester zu. Von Frankreich und Spanien umworben, schloß er mit dem Kardinal Mazarin 1657 ein Bündnis zur gemeinsamen Belagerung von Gravelines, Mardyck und Dünkirchen. „Mazarin würde gern anders als zur Belagerung von drei Städten die schönen englischen Regimenter verwendet haben, aber Cromwell gestattete es nicht[7].“ Nach der gemeinsam durchgeführten Belagerung hielt der junge König Ludwig XIV. in Dünkirchen seinen Einzug, am folgenden Tage aber wurde die Veste dem Neffen Cromwells eingeräumt. Der Protektor schätzte den gewonnenen Platz: konnte doch England von dort aus die Eifersucht von Spanien, Frankreich und den Generalstaaten schüren, die wachsende Seemacht der Holländer und die alternde der beiden romanischen Staaten noch mehr überwachen. Im Anschlusse an Worte über die allgemeine Politik Cromwells sagt Lavisse, der gefeierte französische Historiker: „Wenn Cromwell Dünkirchen haben wollte, so war das, weil er zu den Patrioten gehörte, die den Verlust von Calais bedauerten und eine offene Pforte nach Frankreich und nach dem Kontinent haben wollten. So begann das moderne England und kündigte sich das größere England an, das imperialistische England[8].“ Cromwell ordnete den Bau einer Zitadelle an, das machte die Franzosen stutzig.

Aber auch der junge König fühlte bald diesen Pfahl im Fleische, er wollte diesen Vorposten gegen die Nordsee und

---

[7]) Lavisse, Histoire de France 7, 1, 70.

[8]) Lavisse a. a. O. 7, 2, 206.

den Schlüssel Flanderns zurückgewinnen. Der englische König Karl II. und Lord Clarendon brauchten Geld und verkauften in Nichtachtung der englischen Interessen um den Preis von 5 Millionen Livres den Brückenkopf jenseits des Kanals. Ein schmählicher Handel!

Den Engländern war es immer recht, daß die Holländer Antwerpens natürliche Handelsbedeutung völlig unterdrückt hielten. Als Kaiser Karl VI. Ostende emporbringen wollte, war es England, das es verhinderte. England betrübte es niemals, daß die einst den Weltmarkt beherrschenden Städte Brügge und Antwerpen verödet dalagen.

Der Egoismus englischer Politik hat auch in Belgien seine Spuren hinterlassen.

Von dem Augenblicke ab, da Belgien in die Hand der Aufgebote der französischen Revolution fiel, war es entschieden, wo das Interesse Englands lag, und daß es den letzten Waffengang mit dem Nebenbuhler Frankreich galt, den man seit hundert Jahren so oft schon niedergerungen hatte [9]. Wie bei Dantons großer Rede die alten Eroberungsgelüste der Franzosen aufleuchteten, die Lehre von den „natürlichen Grenzen", die so viele Kriege des Königreiches heraufbeschworen hatte und nun ihre bluttriefende Fortsetzung herbeiführte, war in England der Zweifel geschwunden, die Regierung und das Volk kehrten zu der naturgebotenen Gegnerschaft gegenüber Frankreich zurück, die alten Feinde hatten ihre Natur wiedergefunden. Napoleons Weltmacht brach zusammen, vorwiegend durch die Waffen der Ostmächte.

Das glückliche England hielt 1815 die Beute an franzö-

---

[9]) Lenz, Die großen Mächte S. 86.

sischen Kolonien und an Außenländern seiner Satelliten in den Händen (Spaniens, der Niederlande) und in dem Lande Belgien gebot der neue König eines neuen Königreiches der Niederlande, das sich von England abhängig fühlen sollte. Albion hatte die Seeherrschaft im Mittelmeere gewonnen und sich dieselbe auf allen anderen Meeren gesichert. England hat ein starkes Interesse an der militärischen Eigenschaft Belgiens, aber für das bürgerliche Wohlergehen des Landes hat es sich niemals eingesetzt, das ist eine elementare Wahrheit!

Blicken wir zurück. Im Wirrwarr der Geschicke des belgischen Landes tauchte öfters flüchtig der Gedanke auf, diese Provinzen als neutral dem ausbrechenden Kriegssturme zu entziehen. Öfter dachte man an einen Pufferstaat. Über das Land an der Mündung der Schelde entschieden nicht die Stände in Brüssel, nicht die Regierungen in Madrid und Wien allein, bei den Höfen von Paris und London, wie im Haag wird ebenfalls an dem Geschicke des Landes leidenschaftlich Anteil genommen. Man braucht sich nicht zu Übertreibungen versteigen, nicht zu behaupten, der spanische Erbfolgekrieg oder der Krieg Englands gegen Napoleon sei vorwiegend ein Kampf um die einst spanischen Niederlande gewesen, und wird doch sagen dürfen, es gab kein Land, das heißer begehrt wurde, als dieses, keins, in dem das europäische Gleichgewicht empfindlicher war. *Die Aufhebung der geographisch und geschichtlich bedingten Spannung durch die Neutralität war noch nicht erfunden.* Auf dem Rücken dieser von der Natur so begünstigten Provinzen spielten sich in Kriegen und Schlachten die Gegensätze der europäischen Mächte ab.

II. Wie ist die Neutralität entstanden?

Hatte Europa die belgische Barrière 1713 den Niederländern anvertraut, so gab es ihnen 1814 das belgische Gebiet zu Eigen, um es gegen Frankreich zu behaupten. Dies war ein Gedanke des großen Engländers Pitt. Napoleon hatte mit scharfem Auge die Bedeutung von Antwerpen erkannt, vergebens hatte er von Boulogne aus eine Landung zu machen versucht, er bedurfte für den Angriff auf die Insel eine stärkere Basis. In Antwerpen hatte er dann mit dem Bau neuer großer Hafenbassins begonnen und die Britten hatten gefühlt, daß die geladene Pistole damit auf ihr Land gerichtet wurde. An den Rhein- und Scheldemündungen wollten die englischen Schiffer und Kaufleute, wenn die napoleonische Herrschaft einmal niedergerungen sei, nur einen schwachen Staat dulden. Schon 1805 machte es Pitt mit Rußland ab, daß das Haus Oranien die alten österreichischen Niederlande mit den freien Niederlanden zu einer neuen Barrière mindestens in der Linie Antwerpen-Maastricht vereinigen sollte [1]).

Der Gedanke konnte nach den Siegen der Verbündeten von 1813/14 verwirklicht werden. England konnte seinen

[1]) Für das Folgende ist vor allem zu vergleichen: Fl. de Lannoy, Les origines diplomatiques de l'Indépendance belge. La Conférence de Londres. Louvain, Charles Peeters, 1903.

2*

Plan durchsetzen, weil Österreich, um allen weiteren Konflikten mit Frankreich aus dem Wege zu gehen, die alten belgischen Provinzen zurückzunehmen, sich weigerte. Preußen bezog nur mit halbem Herzen die Wacht am Rheinstrome, die ihm mehr aufgedrängt, als von ihm begehrt wurde. Verwandtschaftliche Bande des Oraniers mit dem König von Preußen, äußerst tätige Geschicklichkeit seiner Vertreter kamen hinzu, um einen neuen Staat zu schaffen, der in gewissem Sinne die burgundische Macht erneute. Der Rest der alten burgundischen Provinzen wurde um Lüttich und andere Gebiete erweitert und erhielt nur für die meist deutschen Gebiete Luxemburgs die Verpflichtung, in den deutschen Bund einzutreten. Der deutsche Staatenbund erreichte also nicht die Grenzen des Reiches von 1789, geschweige denn die von 1550 wieder. Die schwache Autorität des Reiches lebte nur für Luxemburg in verblaßter Gestalt auf, der Gedanke, das ganze Königreich der Niederlande dem deutschen Bunde anzugliedern, war fallengelassen worden.

Die vier siegreichen Großmächte verfügten über Belgien zugunsten des europäischen Gleichgewichtes „en vertu de leur droit de conquête de la Belgique“ [2]).

Der neue Staat soll — das ist die Absicht der vier siegreichen Großmächte — im Sinne der Wiederherstellung des europäischen Gleichgewichtes so stark sein, um dem ersten

---

[2]) Protokoll vom 21. Juni 1814. Auch Palmerston hat 1831 im Parlament gesagt: „Belgien ist niemals ein unabhängiger Staat gewesen; es hat zu Spanien, zu Österreich, zu Frankreich gehört, bis es, durch Europa erobert und diesem Lande abgenommen, Europa im Interesse des Friedens mit Holland vereinigt hat.“ Lannoy S. 188.

Anprall eines neuen Ausbruches des französischen Volksgeistes, der so oft diese Grenzen überflutet hatte, solange entgegentreten zu können, bis die nächstbenachbarten Großmächte Preußen und England ihre Streitkräfte zur Verstärkung in die holländischen Festungen werfen können[3]). Der Herzog von Wellington bearbeitete den militärischen Plan. Mit den Mitteln der französischen Entschädigung (demnach auch durch den preußischen und österreichischen Anteil an der Kriegskostenentschädigung)[4]) und aus den Mitteln der Niederlande

---

[3]) Man vergleiche die Worte der angesehensten Belgier: Sylvain Van de Weyer, einer der Begründer Belgiens, sagt: „L'établissement du royaume des Pays-Bas avait été pour les puissances qui le constituèrent, un oeuvre de défense: ce devait être, suivant une expression historique, l'avant-mur de la Germanie." Patria belgica 2, 317. Ähnlich auch Thonnissen: la formation du royaume des Pays-Bas . . . le résultat d'une pensée de méfiance légitime et raisonnée envers les instincts belliqueux de la nation française. Patria belgica 2, 367. Nothomb, Le Royaume—Uni était élevé contre la France. Essai historique et politique sur la rév. belge. 4. ed. tome 1. p. XII. Descamps sagt: „La direction antifrançaise perçait clairement dans l'organisation du nouveau royaume." La neutralité de la Belgique 110. Die vier genannten sind alle belgische Minister gewesen.

[4]) Die Rechnung ist nicht ganz einfach aufzustellen. Nach der Abmachung der 4 Großmächte vom 3. November 1815 erhielt der König der Niederlande von der französischen Kriegskostenentschädigung die Summe von 60 Millionen Franks, „qui doit être employée à la fortification des frontières de Pays-Bas, conformément aux plans et règlements que les puissances arrêteront à cet égard". Die Summe von $187^1/_2$ Millionen wurde auf die gegen Frankreich gerichteten Festungen von Spanien bis zu den Niederlanden verteilt, maßgebend war das lokale Bedürfnis. Die Summe von $187^1/_2$ Millionen entfiel zu fast einem Drittel auf die Niederlande. Es wird

entstand ein dichter Gürtel von kleinen Festungen und Forts — fast 50 an der Zahl —, für die Holland die Friedensgarnisonen stellen sollte. Wie Frankreich seinen Festungsgürtel seit Ludwig XIV. hatte, so sah man nun auch von dem französischen Boden zu einem Festungsgürtel hinüber. Im Kriegsfalle sollten die beiden Großmächte die Kordonstellung ausfüllen.

Ausdrücklich war dieses Besatzungsrecht für den Fall eines Krieges gegen Frankreich geregelt. Ganz Europa, nicht mehr wie einst nur die Niederlande, wollte sich durch diesen Festungsgürtel gegen die immer wieder hervorbrechende Angriffslust Frankreichs sichern. „L'établissement d'un juste équilibre en Europa, en limitant d'une manière stable la frontière nord de la France." Luxemburg ward als zum deutschen Bunde gehörig eine Bundesfestung mit einer preußischen und niederländischen Besatzung.

Das Nähere regelte der Aachener Kongreß durch ein Protokoll vom 15. Nov. 1818. Der ganze linke Flügel der weiteren vorderen Front sollte im Bündnisfalle von Preußen besetzt werden, nicht allein die Maasfestungen Huy, Dinant mit Namur, sondern auch Marienbourg und Philippeville sowie Charleroi an der Sambre. Ein gleiches Recht sollte England haben für Ypern, Nieuport, Ostende und Termonde [5]).

---

aber niemand in den Sinn kommen, den Niederlanden ein Drittel des Anteils an den Leistungen im Kriege zuzusprechen. So steckt in diesem Drittel Geld, das Preußen, Deutsche, Engländer u. a. bei Belle-Alliance mit ihrem Blute erworben hatten.

[5]) Gegen die Besetzung von Antwerpen und Tournai durch die Engländer und Lüttichs durch die Preußen hatte der König der Niederlande Einspruch erhoben.

Es war die Autorität Wellingtons, die eine solche Kordonlinie mit vielen kleinen Plätzen durchsetzte; sehr vernünftiger Weise hatten preußische Generale und österreichische Diplomaten die Anlage zweier großer Festungen verlangt, die als Stützpunkt für Armeen dienen könnten[6]. Der preußische Vorschlag war auf eine Befestigung der Maaslinie mit einem großen Brückenkopf in Namur gerichtet, was Brialmont als einen vernünftigen Vorschlag bezeichnete, der aber scheitern mußte, weil er England keinen Vorteil bot und Wellington ja durch den Sieg von La belle Alliance eine überragende militärische und politische Stellung gewonnen hatte[7].

Das war vorwiegend eine englisch gedachte Lösung, ein Bollwerk Europas mit schwacher Garnison ward gegen Frankreich aufgerichtet, hinter dem im großen Abstande zwei Reserven stehen. Auf eine Fülle von Bedingungen ist der militärische Wert gestellt: auf die Kraft der unzureichenden Garnison und auf die Einheit der Reservemächte: England und Preußen. Diese im Interesse Europas aufgerichtete Brustwehr gegen Frankreich war dazu ein schlechtes Bauwerk. Talleyrand hatte es sofort erkannt, daß zwischen Belgien und Holland sich die Gegensätze des Blutes, der Sprache, der Geschichte und der Religion erheben würden. Die Nordfront der Bastion und die Südfront waren nicht einig.

Dem Scharfblick des französischen Diplomaten, der so gut die Instinkte und ihre Kraft kannte, war es nicht entgangen, dem neuen Königreiche fehlte es noch für lange Zeit an innerer Kraft. Dem ersten Könige des Reiches der ver-

---

[6]) von Arneth, Freiherr v. Wessenberg 2, 95 f.

[7]) Brialmont, Considérations politiques et militaires sur la Belgique (1851) 2, 58.

einigten Niederlande, der nicht durch eigene Kraft oder etwa durch die kriegerische Erhebung seiner Niederländer oder seiner neuen belgischen Untertanen, sondern durch die Gunst der Fürsten und Diplomaten der Großmächte, die Napoleon durch ihre Truppen niedergeworfen hatten, ein solches Reich geschenkt erhalten hatte[8]), fehlte die geistige Beweglichkeit und Anpassungsfähigkeit, die erforderlich gewesen wären, Holländer und Belgier zu mischen, ihre Einrichtungen auszugleichen und ein starkes gemeinschaftliches Staatsgefühl zu schaffen. Er wollte auch nicht wahrhaft konstitutionell regieren. Sein Starrsinn und seine Härte, seine Vorliebe für das Volk, mit dem das Haus Oranien seine weltgeschichtliche Rolle bisher gespielt hatte, seine protestantische Befangenheit und seine Engheit des Blickes verführten ihn dazu, Belgien als ein annektiertes, erobertes und abhängiges Land zu behandeln. Das Bündnis der im Lande vorhandenen Parteien war die Gegenwirkung, französische Flüchtlinge weilten im Lande und schürten die Gefühle der gemeinsamen Sprache, der Erinnerungen an die glorreichen Zeiten Napoleons; das Land war für eine Revolution reif. Um das militärische Bild aufzunehmen, der Kommandant der gegen Frankreich gerichteten Bastion hatte die vorgeschobene Kompagnie so mißhandelt, die Leibkompagnie so verhätschelt, daß jene sich mit dem Gedanken vertraut machte, den Gehorsam zu verweigern und vielleicht gar zum Feinde abzufallen.

In der Julirevolution brach in Paris überraschend schnell die unbelehrte königliche Reaktion der weißen Fahne zusammen.

---

[8]) Vgl. Matusziewicz an Nesselrode bei Martens, Recueil des traités . . de Russie 11, 461.

Der Thron der legitimen Bourbonen ward umgestoßen und in mehr geschickter als vornehmer Weise war der Bürgerkönig Louis Philipp von Orleans zur Herrschaft in Frankreich gelangt. Ist es nicht ein verlockendes Beispiel, das Paris den Völkern gegeben hat? Die Bewegung der Straßen der Hauptstadt überwindet spielend die militärische Macht und den Fürsten selbst, der den Wünschen des Volkes nicht zu Willen gewesen war. Der Gang der belgischen Revolution, die am 25. August 1830 ausbrach, wäre anders verlaufen, wenn der König Wilhelm klüger gehandelt hätte. Rechtzeitige Zugeständnisse hätten mindestens die Personalunion der beiden Reiche Niederlande und Belgien gerettet, die Waffengewalt mußte entweder gar nicht oder unbeugsam stark eingesetzt werden, die Einigkeit im Königshause mußte unbedingt hergestellt werden. Mehr sind es die Fehler der Oranier, als die Kraft der Belgier, die die Trennung herbeiführten. Am 4. Oktober 1830 erklärten die Belgier ihr Land als einen unabhängigen Staat.

Das wallonische Element war bei der Vorbereitung der Revolution neben den französischen Flüchtlingen [9]) führend und mehr wie einer der Führer wollte den Anschluß an Frankreich herbeiführen. Alexander Gendebien ward erst nach der Unabhängigkeitserklärung aus einem Französling ein Belgier, der Regent Surlet de Chokier kannte ausschließlich französische Sympathien [10]), Comte de Celles [11]), Rogier, Van de Weyer gehörten zu den franzosenfreundlichen Führern. Wei-

---

[9]) Vgl. Hooghvorsts Äußerung gegenüber Metternich. Aus Metternichs nachgelassenen Papieren 5, 196.

[10]) Juste, Sylvain Van de Weyer 1, 157.

[11]) Mémoires de Talleyrand 3, 444 f.

tere Namen gehören in eine Spezialgeschichte [12]). Das vlamische Element schloß sich mehr zögernd an.

Die starke Macht alter Überlieferungen und noch lebender wirtschaftlicher Interessen ließen die belgischen Sonderbestrebungen siegen über diese Gedanken eines Anschlusses an Frankreich.

Was aber in Belgien geschah, war dennoch ein Triumph Frankreichs und seiner Interessen. Die Barrière, die Deutschland und England errichtet hatte, damit den Franzosen ihr unstillbares Gelüste, gegen Nord und West vorzudringen, gedämpft wurde, war vernichtet, sie galt als und sie war eine Einrichtung der öffentlichen Ordnung Europas, und sie fiel in dem Augenblicke, wo sie hätte benutzt werden sollen. Die Belgier wären 10 Jahre vorher eines schweren Strafgerichtes seitens der vier Großmächte der heiligen Allianz sicher gewesen. So aber wurde es durch die Gunst der Umstände gerettet. Belgien ist kein Staat, der durch eigene Kraft sich seine Existenz begründet hat, sondern die Gunst der Umstände führte es herbei, daß die entscheidenden Großmächte diesen neuen Staat zuließen.

Der Herzog von Wellington konnte dem Hilferufe des Königs der Niederlande gar nicht stattgeben; er mußte dem preußischen Gesandten erklären, er verfüge nur über 10 000 Mann und das sei nicht einmal für die Verteidigung von Antwerpen genug. Auch damals zeigte es sich, daß England

[12]) Alfred Stern, Geschichte Europas seit den Verträgen von 1815 4, 117 hat auch Pariser Material herangezogen. Wie diese französische Partei der Belgier von den Vlamen eingeschätzt wird, ergibt Vlaamsch België sedert 1830. Studiën en schetsen 1, 195 und öfter.

einem auf seine Hilfe rechnenden Staate dieselbe nicht rechtzeitig und nicht ausreichend bringen kann. 1830 waren die Holländer die Getäuschten, 1915 sind es die Belgier!

Die drei absolutistischen Ostmächte wie das parlamentarisch regierte England kamen darin überein, daß die Fehler des Königs der Niederlande wie die des Königs Karl X. eine vollständige Wiederherstellung des alten inneren Zustandes in Belgien und Frankreich unmöglich machten. Zwar hätte der Zar Nikolaus I. vor allem in Belgien die Restauration herbeigeführt, er, der sich als der Kämpe der Gegenrevolution fühlte und prizipientreu bis zur Hartnäckigkeit war, er, der stets für den Angriff bei der Verteidigung gegen die Revolution war, war aber am weitesten vom Schusse. Die Wirkung der Prinzipien nimmt mit der Entfernung steigend ab. Das zeigt das Los von Polen und Belgien! Der russische Vizekanzler und die Botschafter in Paris und London wirkten dahin, den grundsätzlichen Haß des Zaren gegen den Bürgerkönig und das revolutionäre Belgien, gegen die in ihnen wirkende Revolution abzuschwächen [13]). Hatte er den Bürgerkönig anerkannt, so wollte er doch die Rechte des Hauses Oranien in Belgien nicht untergehen lassen. Oraniens Rechte und der Gegensatz gegen die Revolution trieben den Zaren, der wenige Jahre zuvor seinem Freunde, dem streng legitimistischen Könige Karl X., vielleicht gemäß dem Polignacschen Plane der Verschiebung aller Grenzen den Erwerb Belgiens zugestanden hätte.

---

[13]) M a r t e n s, Recueil des traités et conventions conclus par la Russie avec les puissances étrangères. Tc. 4, 8, 11, 15. 1878—1909. Vor allem ist hervorzuheben das politische Glaubenbekenntnis des Zaren 8, 167—70 und die Niederschriften 8, 197 und 200.

Ehe die russischen Truppen sich in Bewegung setzen konnten, waren entscheidende Dinge eingetreten, die Nikolaus die Möglichkeit nahmen, das Gewicht seiner Waffen zu verwenden. Der am 29. November ausbrechende Aufstand des Königreichs Polens war aus der Besorgnis der Armee hervorgegangen, daß die polnischen Truppen gegen die Belgier verwendet werden sollten. Es ist nicht anders, die im Besitze sehr erheblicher Rechte sich befindenden Polen verloren den Rest ihres Staates, weil sie ihn für die Neubildung Belgiens einsetzten. In keinem Lande wäre Mitleid mit den Polen Rußlands und ihrem Lose mehr berechtigt als in Belgien. Nirgendwo.

Die Monate, die dieser polnischen Tat vorangingen, waren die Zeiten schwerster Verlegenheit für die Kabinette, die allesamt sich am Rande eines Weltkrieges wußten. Die geringste Schärfe von irgendeiner Seite hätte den Brand hervorgerufen. Doch war der Sinn aller anderen Regierungen extremen Schritten wenig zugewendet.

Der Herzog von Orleans brachte auf den Thron von Frankreich nichts weniger als Kriegslust mit, die Gepflogenheiten seiner Vergangenheit hatten ihn recht unmilitärisch gemacht. Dafür erfüllte ihn die Sehnsucht nach Anerkennung durch seine neuen Standesgenossen, und die zu erwerben war es eine Notwendigkeit, in Frankreich selbst die Ruhe zu sichern und die Revolutionsgedanken nicht nach auswärts zu verpflanzen. Der Bürgerkönig hat ein Interesse daran, sich soweit den alten Fürsten anzubequemen, daß sie ihn als gleichberechtigt behandeln. Talleyrand, der dem König in der Scheu vor einem Kriege gleichkam, sprach das wahre Wort: „Der Thron des Königs Ludwig Philipp ist jetzt so alt wie der des heiligen Ludwig; mit dem Kriegsausbruch verschiebt er sich auf gestern[14]." Jeder Krieg, den Frankreich gegen die Ostmächte zu führen unternommen hätte, würde einen revolutionären Charakter angenommen und damit auch England gezwungen haben, sich von Frankreich abzuwenden. Der Krieg wäre die Isolierung Frankreichs gewesen.

Es wird dem König freilich von dem französischen Volke innerlich abverlangt, daß er diese unblutige Revolution mit Erfolgen schmücke, daß er womöglich die älteste Tochter der Julirevolution Belgien dem Vaterlande angliedere. Aus diesem Parallelogramm der Kräfte ergibt sich eine geschmeidige Politik, die darauf ausgeht, ohne einen Krieg zu beginnen, Vorteile zu erreichen. Kriegsfurcht und Haschen nach Erfolgen stoßen sich in diesem Fürsten und in der äußerst unruhigen Regierung Frankreichs.

Stärker als des Königs Seele ist die seiner Schwester, Adelaide, die in diesem Hause als alte Jungfer die männlichsten Eigenschaften mit denen einer frauenhaften Kunst der Intrigue verband. Der Geschwister Vertrauensmann war Fürst Talleyrand. Sie hätten an seiner Vergangenheit Anstoß nehmen können, aber der greise Meister des Verrates diente doch wohl jetzt der letzten Herrschaft seines Lebens; der prinzipienlose Vertreter wechselnder Prinzipien hatte die Legitimität eben überwunden und war jetzt bei der Nichtintervention angelangt. Wie jenes Prinzip den Fürsten der drei Ostmächte gefallen hatte, war das neue Prinzip auf England zugeschnitten. Was brachte er nicht an Erfahrung, an

---

[14]) An Mademoiselle 3. März 1831. Nouv. révue rétrosp. n. s. 4, 390. Talleyrand, Mémoires 4, 105.

Kenntnis der Höfe, der Diplomaten, der Geschäfte mit? War er nicht das Genie der Krisen, mit dem feinsten Ahnungsvermögen für das Mögliche, mit der größten Gewandtheit der Debatte ausgerüstet? Wer konnte wie er mit überzeugter Miene ein Credo verkünden, an das er nicht glaubte? Was hatten nicht die Ränke dieses diplomatischen Odysseus alles bisher erreicht? Hatte er nicht auf allen Kongressen eine große Rolle gespielt? Es war ein Glück für den König, als ihm dieser Diplomat seine Dienste anbot und er, der in seinen Anschauungen denen des Königs entsprach, wurde an der Stelle verwendet, wo die Möglichkeit war, die europäische Lage am stärksten zu beeinflussen. London war der Ankergrund der politischen Hoffnungen, die er hegte. Der Anschluß an England, die entente cordiale, war sein Ziel, daß er sie erreichte, war der letzte Erfolg seines Lebens. Als er einmal auf englischem Boden weilte, haben die französischen Ministerpräsidenten und Minister der auswärtigen Angelegenheiten ihn fast weniger beeinflußt als er sie. Er ging nicht mit den Leuten der Bewegung, die ihn entsandt hatten: mit Lafitte und Molé; sondern er billigte die gemäßigten Tendenzen der Minister, die später ins Amt traten, Maison, Sebastiani und Casimir Périer.

Wie in Frankreich das Ministerium wechselte, so vollzog sich auch in England ein noch größerer Umschlag. Am 16. November wurde das torystische Ministerium Wellingtons durch die Whigs abgelöst. Die belgische Frage hatte dem Herzog-General ein von ihm selbst geschaffenes Werk umgestoßen. Doch englische Politik ist es nicht, ein unbrauchbar gewordenes Werkzeug zu reparieren. Schon vorher waren konservative Minister Englands für die Rechte der Selbstbestimmung der Völker eingetreten, nicht aus reiner Menschenliebe, sie hatten auch ihre Rechnung dabei gefunden. Wenn der englische Minister den Bürgerkönig an Stelle des russenfreundlichen Karl X. und wenn er die Brüsseler provisorische Regierung anerkannte, so war das den englischen Interessen nur entsprechend: jede Weigerung hätte die Kriegsgefahr gesteigert, hätte die Belgier unter die Fittiche von Frankreich getrieben. Wellingtons schwache Stellung der starken Minderheit gegenüber wäre durch eine auch nur entfernt an den Krieg streifende Politik noch mehr herabgemindert worden. Der Toryminister legte durch dieses Eingehen auf französische Anschauungen der Politik Louis Philipps feste Zäume an: da England seinen Einfluß auf Belgien nicht verlieren will, so muß der französische König sich einschränken, mäßigen, er darf keine Interessen für den Erwerb Belgiens zeigen.

England und Frankreich können eine gute Strecke Weges nebeneinander wandeln, nur darf dann Frankreich nicht die ganze Straße für sich in Anspruch nehmen und bei der Wahl des Weges muß England völlig zustimmen. Immerhin hätte Wellington Preußen in Belgien eingreifen lassen, mehr wie eine englische Neutralität hätte man nicht für richtig gefunden. Der Keim des Gedankens ist bereits geboren; aus der Bastion gegen Frankreich wird der ungeschickte Kommandant entlassen bleiben und man wird versuchen, auf dem Gelände der Bastion Friede zu schaffen durch Aufhebung der Gegensätze.

Der preußische Staat hatte das allerstärkste Interesse an der Aufrechterhaltung der Bastion, er besaß darüber verbriefte Rechte. Von Rußland wurde Diebitsch-Sabalkansky nach Berlin entsendet und monatelang schürte dieser gefeierte russische Feldmarschall zum Kampfe. Es gab nicht wenige, die es für eine Pflicht hielten, sich der Revolution entgegenzuwerfen, noch mehr die den Ausbruch eines Krieges für unvermeidlich hielten, doch der greise König war immer ein Friedensfreund gewesen und die Ungewißheit schreckte ihn; er konnte wohl den Krieg beginnen, ihn aber nicht enden, er mußte die Hauptlast tragen und er allein setzte seine Länder einem Stoße aus. Wäre es Frühling gewesen, so hätten sich die Freunde des Krieges mehr gerührt, so aber war es natürlich, hinauszuzögern. Eine Politik, die nach Bluff aussah, war diesem geraden grundehrlichen Fürsten eine Unmöglichkeit. So ist auch die preußische Politik einem Entgegenkommen geneigt.

Der deutsche Bund hatte die Pflicht, das luxemburgische Gebiet seines Mitgliedes, des Königs von Holland, zu schützen. Er hat auf die Anrufung des Königs der Niederlande, wie es seine Art war, gezögert, beraten und an halben Maßregeln herumgedoktert, alles in der Absicht, einen Krieg möglichst zu vermeiden. Auch Preußen für sich hatte auf alle Schritte verzichtet, die einen Kriegsausbruch hätten herbeiführen können.

Man hat in Belgien England Dankbarkeit bewahrt, man hätte sie ebenso für Preußen hegen sollen. Das Einrücken Preußens in die Bastion war sein gutes Recht, die Beziehungen zum Könige der Niederlande rieten zum Eingreifen!

Manche belgischen und französischen Historiker erzählen mit einer gewissen Schadenfreude, wie der französische Minister der auswärtigen Angelegenheiten Molé dem preußischen Botschafter von Werther den Krieg androhte, falls sein König in die belgischen Dinge sich mische. Sie folgen da — weniger aus Gründen historischer Kritik, als aus anderen —

der Erzählung aus zweitem Munde und nicht dem sofort niedergeschriebenen schriftlichen Berichte des einen der beiden miteinander Verhandelnden [15]). Der Bürgerkönig hat aber sicher zum russischen Gesandten gesagt: „Wenn die Preußen in Belgien einrücken, so ist das der Krieg, denn wir werden es nicht erlauben.“ Wie dem auch sein mag, es ist nie ein Zweifel in Preußen darüber vorhanden gewesen, daß der Einmarsch in Belgien einen Krieg mit Frankreich herbeiführen werde. Und darüber kann nicht wohl ein Zweifel bestehen, daß die preußischen und die niederländischen Truppen eher kriegsbereit waren, als die eben in Umformung befindliche französische Armee, die gerade eine Revolution erlebt hatte. Der junge Moltke schrieb damals: „Kein Staat in Europa disponiert in diesem Augenblick über schlagfertige Armeen wie Preußen.“ Erst langsam konnte die sofort in Angriff genommene Verstärkung des französischen Heeres den Unterschied herabmindern [16]).

---

[15]) Eine erfreuliche Ausnahme machte der alte Herzog von Broglie, der aus Molés Charakter die scharfe Szene bestritt. Duc de Broglie, Le dernier bienfait de la Monarchie o. J. (1901) 156. Die entscheidenden Zeugnisse bei Hillebrand, Geschichte Frankreichs von der Thronbesteigung Louis Philipps bis zum Falle Napoleons III. 1, 144, Anm. 2.

[16]) Gendebien, der die Frage nach Paris gerichtet hatte, ob Frankreich einen preußischen Angriff zurückweisen werde, erhielt am 15. August 1830 durch einen Agenten der französischen Regierung die Mitteilung: vu la situation déplorable de l'armée française, müsse man ein Jahr lang jede Explosion vermeiden, die französische Regierung sei entschlossen, nicht einzugreifen, selbst wenn die Preußen in Belgien einrückten. Juste, Alexander Gendebien 7. Die preußische Armee war ja auch nicht in bester Verfassung, aber ihr Übergewicht

Der österreichische Staat besaß zwar den Sprecher der Prinzipien der heiligen Allianz. Allein Metternich war durch die italienische Revolution beschäftigt, ihm mißfiel der ungeschickte Oranier und so war dem schwarzgelben Kaiserstaate nur ein Ziel bei der französisch-belgischen Frage geblieben: der Schutz gegen Frankreich muß erhalten bleiben. Die Revolutionsluft lähmte am stärksten die Höfe, die für die volle Reaktion einzutreten innerlich eine Pflicht verspürten: Wien und St. Petersburg.

Die Anregung einer Konferenz in London entsprach also der nur von Rußland nicht geteilten Absicht, durch mündliche Verhandlungen eine Lösung der belgischen Frage zu suchen, wozu ein Waffenstillstand zwischen Belgien und Holland die notwendige Voraussetzung war. Niemand wird leugnen, daß bis dahin Belgier und Franzosen Erfolge errungen hatten. Außer Frankreich hatte England sich den Belgiern günstig erwiesen, aber Frankreich darf keine Fehler machen, muß sein unschuldiges Gesicht bewahren und darf keinen Appetit zeigen. Und die Belgier müssen früher oder später es lernen, daß in der großen Politik nicht der Wille einer kleinen Landschaft gilt, sondern auch das Wohl der größeren Körperschaften, das Interesse des allgemeinen Friedens, des Gleichgewichtes, des öffentlichen Rechtes. Die Führer der Revolution waren Politiker der Advokatur, der Presse, der Gelehrsamkeit, sie mußten sich die Anschauungsweise der zünftigen

---

war zunächst wohl vorhanden. Die meisten älteren Männer am preußischen Hofe hielten aber unter solchen Umständen das Zurückhalten für geboten, nur im Falle dringendster Not dürfe man dem Kampfe nicht ausweichen. Vgl. auch v. d. Osten-Sacken, Preußens Heer 2, 218 f.

Staatsmänner erst aneignen. Monatelang rangen die Belgier mit der Konferenz. Monatelang bildeten sich die belgischen Volksvertreter ein, von sich aus Dinge lösen zu können, die einen durchaus europäischen Charakter trugen. Die Bedürfnisse Europas und die Wünsche Belgiens auszugleichen, war die Aufgabe der Londoner Konferenz. Wie konnte man die europäische Aufgabe und die europäischen Pflichten, die das Königreich der Niederlande getragen hatte, auf den neuentstandenen Staat übertragen? Dieser wird sein Selbstbestimmungsrecht erstreben, die Konferenz muß suchen, ihn mit den europäischen Forderungen verträglich zu gestalten.

Das Bild der Londoner Konferenz, die am 4. November ihre erste Sitzung in der belgischen Angelegenheit hielt, ist nicht ohne Reize: Es war eine Beratung der in London beglaubigten Vertreter der Großmächte mit den leitenden englischen Ministern, was diesen von Vorteil war. Da war der vornehmste unter allen der Fürst Esterhazy, der jahrzehntelang Österreich vertrat; ihm war als Fachkenner der arbeitslustige Freiherr von Wessenberg beigegeben. Rußland hatte zwei Vertreter, den Grafen Lieven und den Polen Graf Matusziewicz, der nach dem Ausbruch der polnischen Revolution recht unpolnisch auftrat. Beide haben wider oder doch ohne Instruktion die Entscheidung treffen müssen. Preußen vertrat der feinsinnige Heinrich von Bülow, dessen zarte Gesundheit ihn mehrfach behinderte [17]).

---

[17]) Talleyrand schreibt über ihn an Mademoiselle (Prinzessin Adelaide): „C'est un homme d'esprit et qui comprend très bien la position de son pays: les idées du temps actuel ne lui sont pas étrangères" 7. Dez. 1830. Nouvelle révue rétrospective 4, 232.

3*

Es war die letzte Konferenz, auf der Damen eine erhebliche Rolle spielten, und ihre Briefe sind uns eine wichtige Quelle. Das gilt zwar nicht von Gabriele von Bülow, der gemütsreichen Tochter Wilhelms von Humboldt; die Fürstin Lieven hingegen vereinte die Vorzüge einer erfahrenen Diplomatin, die in ihrer leidenschaftlichen Neugierde die gründlichste Kennerin aller Geheimnisse geworden war, mit den Künsten ihres Herzens. Sie hatte einst Metternich ihre Liebe geschenkt, nun genoß der englische Ministerpräsident Lord Grey ihre Freundschaft und später folgte der französische Ministerpräsident Guizot. Frei von den sehr bedenklichen Zügen ihres Lebens war die Dame, die Talleyrands Haus vertrat, die Herzogin von Dino, ein Muster von Feinheit und Grazie, von Urteil und Geschmack, obzwar auch sie Herzensromane erlebt hat.

Die belgische Frage wurde etappenweise gelöst, unter dem Drucke gegeneinander wirkender Kräfte kommen fast plötzlich die beiden großen Entscheidungen, die Belgien erst die Unabhängigkeit, dann die Neutralität schenkten, nachdem zuerst der Ausschluß des Hauses Oranien die Kriegsgefahr schwer gesteigert hatte.

Die Neutralität wird plötzlich hervorspringen, sie war aber schon in dem Augenblick, als die Konferenz zusammentrat, von einem ihrer Glieder ausgesprochen worden. Graf Matucziewicz hat am 15. Nov. dem Vizekanzler Graf Nesselrode folgenden Vorschlag gemacht:

„Das Mittel, Belgien vor Frankreich und Holland vor Belgien zu behüten, wäre folgendes: Die fünf Mächte garantierten gemeinsam durch ein Protokoll oder einen Vertrag das Bestehen des Königreich Belgiens und erklärten, daß keine von ihnen in irgendeinem Falle einrücken oder es besetzen würden ohne die Zustimmung der vier übrigen. Und ebenso sollten sie Holland gegen jeden Angriff von belgischer Seite sicherstellen [18]). Der Zweck der Neutralität ist deutlich angegeben, sie erscheint aber noch mehr als eine gegenseitige Verpflichtung der Großmächte; die Verpflichtung Belgiens mochte dem Grafen aber wohl so selbstverständlich vorkommen, daß er sie nicht besonders hervorzuheben für nötig fand.

Dieser Wegweiser fand zunächst keine Beachtung.

Der Wechsel des englischen Ministeriums (18. November) brachte einen Mann empor, der bei aller Originalität seiner kräftigen, festen, leidenschaftlichen Politik doch in der belgischen Frage von dem Wege, den Wellington eingeschlagen, nicht abwich. Lord Palmerston, dessen Einfluß den des Premierministers Lord Grey übertraf, befolgte Englands Vorteil als einzige Richtschnur. Der aber lag offen zutage, wenn England den freiheitlichen Strömungen der Völker Deckung gab und damit den drei am Absolutismus festhaltenden Ostmächten Schwierigkeiten bereitete. Es war eine folgerichtige Politik, Frankreich entgegenzukommen, dabei jedoch den Abschluß eines Bündnisses zu vermeiden. Je weniger England gebunden war, um so mehr beherrschte das Foreign Office die französische Politik.

Der belgische Nationalkongreß, der seit dem 10. November tagte, um dem neuen Staate eine Verfassung zu geben, wagte erregt durch sehr verwickelte Gründe am 24. November 1830, das oranische Haus von dem belgischen Thron auszuschließen. Es wäre eine schwere Probe auf den Frieden Europas gewesen,

---

[18]) Martens, Recueil 11, 442.

wenn nicht der Ausbruch der polnischen Revolution (29. Nov.) dem kriegslustigen Zar die Hände gebunden hätte. Er hätte freilich auch jetzt, bevor die Polen sich erhoben, nicht in Berlin auf unbedingte Gefolgschaft rechnen können, es sind unzweifelhafte Beweise vorhanden, daß der König auch in diesen Tagen einen friedlichen Ausgleich herbeizuführen suchte, ja eine Annäherung an Frankreich erwog. Der Ausbruch der polnischen Revolution zwang den König, im Osten sehr erhebliche preußische Streitkräfte zur Verfügung zu stellen.

Die Politik des Königs der Niederlande, der entgegen der Anschauung der Generalstaaten, die von den Belgiern möglichst vollständig getrennt zu werden wünschten, für die unbedingte Restauration seiner Herrschaft in Belgien eintrat, verriet die Hartnäckigkeit des Fürsten und machte den Abschluß einer vollen Waffenruhe unmöglich. Es war eine große Unklugheit, sich den Wünschen der Londoner Konferenz nicht zu unterwerfen; denn nun galt den Gesandten ihre eigene Autorität höher als die Interessen des unlenkbaren Herrschers. Ein eigensinniger Fürst ist ein sehr schlechter Bundesgenosse. Er nahm dadurch seinem eigenen Vertreter den Mut, schob Preußen und Österreich von sich auf die Seite von England, das nunmehr offen für die Unabhängigkeit Belgiens eintrat, die wenigstens die eine Gefahr beseitigte, die Gefahr, daß der belgische Nationalkongreß den Anschluß an Frankreich ausspreche. Palmerston stellte im Einverständnisse mit Talleyrand am 18. Dez. den Antrag, die Unabhängigkeit Belgiens zu erklären. Bülow hatte Instruktion, im Falle die Aussicht unmöglich geworden sei, Belgien wieder seinem alten Könige zu unterstellen, zuzustimmen, Wessenberg wollte, indem er zustimmte, England in der Allianz halten, den Krieg und die Vereinigung Belgiens mit Frankreich verhindern [19]). Nur der russische Vertreter Lieven hatte die Weisung, unbedingt zu widersprechen. Aber alles stürmte auf ihn ein und für ihn war kein Zweifel mehr, daß seit dem Ausbruch der polnischen Revolution der Widerspruch des Zaren seine alte Kraft eingebüßt hatte, am dritten Tage setzte er, um die Isolierung Rußlands, den Bruch mit England und den Anschluß Belgiens an Frankreich zu vermeiden, seinen Namen unter das Protokoll, das die Unabhängigkeit Belgiens einer Welt verkündete, die nicht daran gewöhnt war, daß ein aufständisches Land einen neuen Staat begründe und die Anerkennung der Großmächte finde [20]).

Zugleich erklärten alle Großmächte, daß sie unter keinen Umständen einen Nutzen aus der Neuregelung Belgiens ziehen wollten. Die vier Mächte hatten sich auf den Boden gestellt, Frankreich möglichst wenige Vorteile, sich selbst aber möglichst wenige Nachteile bei der Anerkennung des revolutionären Staates aufzulegen.

Die Unabhängigkeit des neuen Staates ward an die Bedingung geknüpft, daß die internationalen Lasten auf ihm ebenso beruhen sollten wie früher auf dem Ganzen, Belgien sollte mit seinen Grenzbefestigungen das Bollwerk Europas gegen Frankreich bleiben [21]). Damit waren die Interessen der

---

[19]) Arneth, Wessenberg 2, 103. Die Österreicher hatten ohne Instruktion abstimmen müssen.

[20]) Vgl. das Nähere bei de Lannoy, S. 98 ff. und derselbe, Une page d'histoire diplomatique. La Russie et la révolution belge de 1830 in La Revue générale t. 81, 82. Bruxelles 1905.

[21]) „Sa séparation d'avec la Hollande ne saurait la libérer de ses devoirs et de ses obligations" heißt es in dem Protokolle der Konferenz.

Ostmächte wenigstens dem Buchstaben nach gewahrt und Frankreich von einer Ausdehnung seiner Grenzen abgehalten. Mehr Worte als Tatsachen! Denn jetzt war das Bollwerk von einem Staate gehalten, dem jede militärische Organisation noch fehlte, und bei dem der Verdacht, innerlich zum Gegner zu halten, aufkommen konnte. Die wirkliche militärische Position war Luxemburg geworden, das bei dem Bunde bleiben sollte, dessen Rechte ausdrücklich vorbehalten wurden. Belgien selbst war nicht imstande, alle Festungswerke zu besetzen [22]). Das vergnügte Antlitz von Talleyrand bewies den Erfolg, den er errungen.

Auf einem äußerst schwierigen Boden war es ihm gelungen, diesen Erfolg zu erzielen, der Frankreich doch noch die stille Hoffnung ließ, eines Tages weiter zu kommen und Belgien ganz oder doch zum Teil sich anzugliedern; den Diplomaten hatte er durch Palmerstons Hilfe diesen Erfolg abgerungen. Diplomaten sind in schwierigen Augenblicken mit unklaren Paragraphen zufrieden, Redner im Parlamente wollen aber deutliche und volltönende Worte, sie haben das Recht der Kritik. Wäre der General Lamarque in London Frankreichs Vertreter und nicht nur Abgeordneter in Paris gewesen, so hätte er sicherlich weit weniger erreicht; doch wie pompös klangen die Worte, die er von der Brüstung der Rednerbühne

---

[22]) Talleyrand, Mémoires 3, 412, gibt seine Meinung dahin ab, es gab für Frankreich nur eine Lösung: „c'était la création du royaume de Belgique, placé sous le gouvernement d'un prince quelconque, qui serait trop faible pour nous inquiéter, et qui ne serait pas même en état de fournir les garnisons de cette ceinture de forteresses érigées et entretenues à grands frais contre nous."

ausrief, man hätte Antwerpen zum Freihafen und zu einer Hansastadt machen sollen, im übrigen aber das Anerbieten Belgiens, sich an Frankreich anzugliedern, annehmen sollen. England würde sich damit abgefunden haben. Dann würde die alte Scheldefrage aufgehört haben, ein Gegenstand des Streites zu sein.

Der Minister des Auswärtigen, Graf Sebastiani, schwankte zwischen der Absicht, des Königs Wünsche zu erfüllen, und der Sucht nach Ruhm und rauschenden Erfolgen, in diesem Falle zwischen einer friedlichen und einer kriegerischen Politik. Seine Politik gab sehr leicht dem Winde der nationalen Ruhmsucht nach, er wechselte seine Ziele wie ein Kaleidoskop seine Figuren. Die französische Politik nahm ein anderes Ziel aufs Korn, sie wollte das, was gestern beschlossen und von der französischen Regierung angenommen war, beseitigen. Der Marschall forderte Talleyrand unter Zustimmung des Königs auf, den delikaten Auftrag zu übernehmen. Diese Angliederung des Landes oder wenigstens die Königswahl des Herzogs von Nemours, des jüngeren Sohnes des Bürgerkönigs, erschien als ein Ziel, das man auch ohne einen Krieg erreichen könne. Sebastiani schließt, „wenn man den Plan aufgeben muß, so wird das ein um so größeres Opfer sein als kein ehrgeiziger Gedanke seine Reinheit mindert". Der General wird wohl nicht im Ernste den Ehrgeiz geleugnet haben, so billigen Kaufes ein Land zu gewinnen, um das Ludwig XIV. viele Kriege geführt hatte! Wenn wir die in jenen Tagen stattgehabten Verhandlungen mit Gendebien, dem Vertreter des belgischen Nationalkonventes, damit verbinden, der für den Anschluß an Frankreich wirkte, so wollte Sebastiani England durch die Zitadelle von Antwerpen, Preußen durch Maastricht gewinnen und die Unabhängigkeit Belgiens beseitigen[23]). Nach St. Petersburg wurde der Herzog von Mortemart entsendet, um den Zaren zu gewinnen. Der Stoß war gegen Deutschland gerichtet.

Talleyrand erhielt auch von der Prinzessin Adelaide Kenntnis von dem starken Wunsche der Franzosen nach Belgiens Anschluß. Er wandte sich nun zunächst an Bülow, er erörterte die Möglichkeit, den König von Sachsen nach Belgien zu verpflanzen und Preußen für die Abtretung der Rheinprovinz (wohl nur des linken Rheinufers) an Frankreich durch Sachsen zu entschädigen[24]). Dann — es war wohl am 5. Januar 1831 — trat er vor Palmerston hin und stellte unerwartet die Frage: ob es keine Möglichkeit gäbe, um das Luxemburgische an Frankreich abzutreten. Das war nur ein kleines Stück von dem, was er zu erlangen versuchen sollte; eine größere Forderung schien dem Franzosen zu gewagt. Palmerston gab ihm die deutliche Antwort, „daß Territorialveränderungen, wie sie Talleyrand eben angegeben habe, die Beziehungen der beiden Länder ändern und es uns unmöglich machen würden, in guten Beziehungen mit Frankreich zu bleiben".

So deutlich diese Ablehnung war, so wenig hat Talleyrand[25]) davon abgelassen, sofort nach einer anderen Ausdehnungsmöglichkeit für Frankreich zu tasten: er legte wieder

---

[23]) Baron Buffin, La jeunesse de Léopold I. (1914) 213 nach den Aufzeichnungen Gendebiens.

[24]) Stern a. a. O. 4, 234 nach dem Berichte Bülows vom 5. Januar 1831.

[25]) In seinen Memoiren hat er diese Dinge hübsch verschwiegen oder gefärbt.

die Pläne vor, den König von Sachsen nach Belgien zu versetzen, das linke Rheinufer an Frankreich abzutreten und Preußen durch Sachsen zu entschädigen und schon erscheint auch der Plan als Entschädigung für einen England genehmen König ein paar Festungen zu gewinnen[20]. Nach Paris mahnte er aber zur Ruhe und Sebastiani vertagte ebenfalls nur scheinbar seine Hoffnungen. Die Erregung der Diplomatie, die einen Waffenstillsand nicht zu Wege brachte, und durch die Projekte Talleyrands beunruhigt wurde, wuchs mit jedem Tage. In Paris rechnete man damit, daß so die Unabhängigkeit Belgiens vereitelt werde, die anderen Großmächte aber suchten nach einem Auswege.

Am 16. Januar spricht Talleyrand zum ersten Male von der Neutralität Belgiens, und zwar als von einem ihm gekommenen Gedanken. Eine der vielen Lügen Talleyrands. Nach dem Muster der Schweiz solle in Belgien eine Bundesregierung eingesetzt und — mit Rücksicht auf England — sollten Antwerpen und Ostende freie Hansastädte werden. Die Garantie der Großmächte wurde in Paris hinzugefügt. Weit davon entfernt, durch diese Neutralität einen Verzicht Frankreichs zu gewähren, schreibt Talleyrand in diesem selben Schreiben: „Es würde leicht sein, in einer solchen Organisation die Interessen Frankreichs zu behüten, und, wenn wir auf die Zukunft schauen, so würde im Falle eines Krieges Belgien leichter geneigt sein, sich mit uns zu vereinigen (réunir) als

[20]) Palmerston an Granville 7. Januar 1831. Bulwer, The life of Henry John Temple viscount Palmerston 2, 32. (Edition Tauchnitz.)

bei jedem anderen Systeme [27]). Es ist offensichtlich Belgien nur als ein Eintagsstaat gedacht. Talleyrand hat von diesem Belgien „à l'instar de la Suisse" auch zu Bülow gesprochen. Bülow wies es nicht ganz von der Hand, um den Gedanken anzuregen, in dem er den Hauptpunkt der Lösung sah: „in jedem Falle müsse für Belgien die ewige Neutralität ausgesprochen und diese unter Garantie aller Mächte gestellt werden' [28])."

Am Pariser Hofe und im französischen Ministerium war man jedoch durch einen solchen Plan noch nicht befriedigt, sondern kam in den mündlichen Aufträgen, die Graf Flahaut zu überbringen hatte, gedrängt durch die Wünsche von Belgiern und Franzosen, zu dem Verlangen einer Annexion Belgiens an Frankreich unter Abzweigung von Antwerpen und Ostende, die frei sein oder als ein Trinkgeld an England gegeben werden sollten. Der König selbst wollte nun ein kontinentales Belgien als französische Provinz und die Hafenstädte dem englischen Einflusse überlassen. Jedoch als Flahaut an der englischen Küste landete, war die Frage schon durch einen einstimmigen Beschluß aller Mächte geregelt.

Die Mächte standen unter dem Drucke, daß Belgien und Holland noch immer den Waffenstillstand einzugehen sich weigerten. Sie stellten ihnen den 20. Januar als Termin und um den Intriguen Frankreichs ein Ende zu machen, nahm der

---

[27]) In seinen Memoiren erwähnt Talleyrand diesen Plan mit keinem Worte. Das betreffende Schreiben ist erst von Pallain, L'Ambassade de Talleyrand 1, 172—4 veröffentlicht worden.

[28]) Droysen in Zeitschrift für preußische Geschichte und Landeskunde 11 (1874), 611.

Kongreß an diesem Tage in den „Grundlagen der Trennung“ (Protokoll Nr. 11) die Neutralität des Gesamtlandes Belgien — mit Ausschluß jedoch der zum deutschen Bunde gehörigen Gebiete Luxemburgs — einstimmig an.

Acht und eine halbe Stunde hatte die Konferenz gedauert.

„La Belgique, dans les limites . . . . formera un état perpétuellement neutre. Les cinq puissances lui garantissent cette neutralité perpétuelle ainsi que l'intégrité et l'inviolabilité de son territoire dans les limites mentionnées ci-dessus.

Par une juste réciprocité, la Belgique sera tenue d'observer cette même neutralité envers tous les autres états, et de ne porter aucune atteinte à leur tranquillité intérieure ni extérieure.“

Es brachten die vier Großmächte durch diesen Beschluß, der für alle Verzicht auf besondere Vorteile enthielt, Belgien aus der Gefahr heraus, von Frankreich angeschlossen zu werden.

Der Antrag ist nach der bestimmten Äußerung K. Hillebrands und Sterns, der einzigen, die die preußischen Akten benutzt haben, in der Konferenz von Bülow gestellt worden [29]). In Palmerstons Schreiben an den englischen Botschafter zu Paris erscheint Talleyrand in der Rolle, daß er wie ein Löwe kämpft, um Luxemburg in die Neutralität hereinzubringen oder doch die Abtretung von Philippeville und Marienbourg an Frankreich zu erzielen, im stillen sich aber zufriedengibt,

---

[29]) Hillebrand a. a. O. 1, 178. Stern a. a. O. 4, 235: „Bülows Vorschlag“.

wenigstens die Neutralität erreicht zu haben [80]). In seinen eigenen Berichten nach Paris stellt er sich als den erfolgreichsten dar und rechnet den Tag zu den glücklichen seines Lebens. Seine innersten Gedanken vertraute er der hohen Gönnerin Mademoiselle Adelaide an. „Diese Maßregel ist in Wirklichkeit die einzige, die uns den Frieden läßt, und die einzige, durch welche wir Englands Interesse erfüllen, ohne seine Obergewalt zu begründen. Ihm einen materiellen Besitz in Belgien geben, hieße ihm im Norden ein zweites Gibraltar schenken und wir würden uns eines Tages in der gleichen Lage befinden wie die (spanische) Halbinsel. Ein solches Auskunftsmittel würde in einer zu gefährlichen Weise die Zukunft der Gegenwart opfern und würde uns einen Preis kosten, den man höchstens nach zehn verlorenen Schlachten zugeben könnte. Der Erwerb des übrigen Belgiens wäre ein schwaches Entgelt für diesen ersten Schritt (Englands) auf den Kontinent." Es ist sehr begreiflich, daß der erste Herausgeber, der Herzog von Broglie, die folgenden Stellen unterdrückte. Nach dem Satze: „Belgien würde uns mehr Schwierigkeiten machen als es uns Vorteile brächte, die Neutralität sichert sie uns fast alle", heißt es weiter: „Ich glaube daher, daß es weise ist, für den Augenblick da halt zu machen. Die Zukunft bringt uns wahrscheinlich die Angliederung (réunion) und ich glaube, daß wir hoffen dürfen, sie dann nicht so teuer bezahlen zu müssen als eine englische Ansiedlung auf dem Kontinente, groß oder klein, aller Welt erscheinen dürfte [81])."

[80]) Bulwer, 2, 34 f. Damit stimmt der Bericht Bülows durchaus überein. Droysen a. a. O. 612.

[81]) Brief vom 24. Januar. Nouv. revue rétrospective nouv. sér. 4, 352 f.

Da haben wir die innersten Gedanken des listigen Diplomaten: die Neutralität ist ihm die Vorstufe der Annexion, ein anderer Weg würde eine Abtretung an England erfordern, Antwerpen ist aber zu teuer. Die Feindschaft gegen Preußen hat Talleyrand offen vertreten durch die Forderung, daß Luxemburg der preußischen Kontrolle entzogen werden, den Gegensatz gegen dieses England, mit dem er seine Politik sonst machte, verheimlichte er und versteckte ihn unter der mühselig zugestandenen Neutralität. Die Äußerungen Adelaides wie die öffentliche Rede Sebastianis zeugen von demselben Verlangen nach der Vereinigung, Adelaide wirft die Schuld auf England und Sebastiani legte den Gegensatz der übrigen Fürsten dar. Für sie war die Frage vertagt, nicht erledigt, Frankreich war zurückgewichen, weil mehr von England nicht zu erreichen war.

Den anderen Gesandten kam es darauf an, die Brustwehr gegen Frankreich aufrechtzuerhalten, das schien der Ausweg, um zu friedlichen Zuständen zu gelangen und den europäischen Krieg zu vermeiden, der am meisten durch die Begehrlichkeit Frankreichs bedroht war. Palmerston brachte unter anderen Gründen auch vor: „Die Belgier sind zu allen Zeiten eine unruhige und aufsässige Nation gewesen. Es scheint nötig, sie in gewisser Weise zu einem friedlichen Dasein zu verurteilen und zu zwingen, ihre ganze Aufmerksamkeit auf Handel und Industrie zu richten, welche sie immer mehr in Rivalität zu Frankreich und in freundlichere Stimmung zu Holland bringen dürften [32])." Österreichs Vertreter stimmte

---

[32]) Martens a. a. O. 11, 451.

zu, um der erregten Begehrlichkeit Frankreichs Zügel anzulegen[33]).

Was Belgien anbelangt, will ich mich der Worte eines hochangesehenen Belgiers bedienen, der noch vor wenigen Jahren Minister war: „Man nahm (von seiten der Konferenz) die Unabhängigkeit wie eine notwendige Tatsache an. Man gab der Neutralität den Charakter einer dauernden Einrichtung des öffentlichen Rechtes Europas und man machte aus dieser Regierungsform, die Belgien annahm und die Mächte verbürgten, die conditio sine qua non der Zulassung des belgischen Staates in die große Familie der Nationen“[34]).

Man gab Belgien die Neutralität — ein herrliches Geschenk — nicht ohne dem werdenden Staate die Pflicht aufzulegen: in keiner Weise der anderen Staaten innere oder äußere Ruhe zu berühren. Das war die ernste Pflicht, die Belgien auf sich nahm. Auch Talleyrand hat diesen Satz mitunterschrieben, ihm zuliebe fügte man den Vorbehalt hinzu, unter Vorbehalt aller Rechte Dritter wolle man noch untersuchen, ob die Wohltat der Neutralität auf andere benachbarte Länder ausgedehnt werden könne.

Die für ewige Zeiten festgestellte Neutralität Belgiens war für Preußen die Beschützung seiner Besitzungen auf dem linken Rheinufer, England bewahrte es vor einem französischen Antwerpen, Österreich und Rußland wurden von einer momentanen Friedensgefahr befreit, Preußen und England aber wurden einer ihr Leben tief bedrohenden Gefahr ledig. Die Neutralität söhnte Belgien mit dem alten Europa aus, in

---

[33]) Arneth a. a. O. 2, 105.

[34]) Descamps, Neutralité 162.

dessen Namen der Kongreß erklärte: „Jedes Volk hat seine eigenen Rechte, aber auch Europa hat sein Recht[35].“

Es folgt aus den bisherigen Erörterungen:

1. Die belgische Neutralität ist nicht aus Rücksicht für dieses Land selbst entstanden, sie ist ihm auferlegt worden in dem Interesse der Nachbarn. Die Neutralität war für diese Staaten die Bedingung, um dem Staate die Anerkennung zu gewähren. Belgien hat die Neutralität angenommen.

2. Die Neutralitätserklärung war eine Form, die die alte Bastion gegen Frankreich nicht völlig beseitigen sollte.

3. Die Neutralitätserklärung war ein gegen Frankreich gerichteter Schritt.

Dabei bleibt bestehen, daß

4. Frankreich gegenüber 1815 einen großen Vorteil gewann, seine Flanke wurde gesichert und gegen eine gemeinsame Aktion Preußens und Englands geschützt. Es ist daher begreiflich, daß der Herzog von Broglie, als er die Entstehung der Neutralität schrieb, diesem Buche den Titel gab: Le dernier bienfait de la Monarchie.

Es ist notwendig, den dritten Satz als die gemeinsame Überzeugung aller belgischen Autoren von Bedeutung festzustellen. Ich berufe mich da zunächst auf die Worte, die Lebeau, der damalige Minister der auswärtigen Angelegenheiten in der entscheidenden Verhandlung sprach: „Cette neutralité est une garantie de notre indépendance contre la Prusse, contre la France surtout, pour rendre la

---

[35]) Protokoll vom 19. Februar 1831.

réunion impossible[36])." Lannoy sagt mit klaren Worten: „Si l'on déclarait la Belgique intangible, c'était pour la protéger contre les ambitions et les désirs de la conquête de sa puissante voisine. La neutralité belge était donc une mesure de garantie contre la France et elle n'avait pas d'autre signification." Der belgische Staatsrechtslehrer Ernest Nys erklärt: „L'idée qui inspira la declaration de neutralité permanente de la Belgique fut une idée d'hostilité contre la France[37])."

[36]) Descamps, Neutralité 194.

[37]) Etudes de droit international et de droit politique 2. série p. 133. (Auch Revue de droit international 2. sér. t. 3, p. 17 f.)

III. Wie wurde die Neutralität gesichert?

Unabhängigkeit, Neutralität — und doch ist das junge Reich noch lange nicht lebensfähig. Belgien selbst hatte jene Grundlagen der Trennung abgelehnt und Frankreich das Protokoll nicht anerkannt. Doch dieses Zögern soll hier nicht weiter behandelt werden [1]. In den nächsten Jahren hat Belgiens Los noch vielfach geschwankt. Aus den höchst verwickelten Verhandlungen des Nationalkongresses in Brüssel, der Gesandtenkonferenz in London, der Regierung im Haag und der einzelnen Kabinette sollen nur einzelne Momente noch beleuchtet werden.

Die Wahl eines Königs des neutralisierten Landes hat unter dem vorwiegenden Einflusse von Frankreich und England gestanden. Preußen und Rußland, denen Österreich folgte, wollten zunächst dem Prinzen von Oranien den Thron verschaffen, die Belgier waren aber dafür in keiner Weise zu gewinnen. Preußen hat seinem Vertreter von Bülow schon im November 1830 den Auftrag gegeben, für den endlichen Sieger einzutreten, den Prinzen Leopold von Sachsen-Koburg, der schließlich in seiner dreifachen Eigenschaft die Zustimmung der Mächte fand: er war Englands Vertrauensmann, er versprach Frankreichs Schwiegersohn zu werden und war ein deutscher protestantischer Prinz. Diese Kandidatur fand einen erheblichen

[1]) Frankreich nahm das Protokoll am 17. April an.

4*

Widerstand bei Frankreich in jener Periode, als man eine Teilung Belgiens betrieb [2]). Sebastiani sagte dem durchaus franzosenfreundlichen Belgier Alexandre Gendebien ins Gesicht: „Wenn Sachsen-Koburg einen Fuß nach Belgien setzt, so werden wir mit Kanonen schießen" und er ließ sich durch die ihm von Gendebien eröffnete Aussicht auf einen allgemeinen Krieg nicht abschrecken [3]).

Die ganze Kandidatur war einen Augenblick verschwunden, dafür trat die schon längst erörterte Persönlichkeit eines Sohnes von Louis Philipp hervor, der Herzog von Nemours. Dieser Plan mochte dem väterlichen Herzen des Inhabers des französischen Thrones wohl gefallen, wenn er aber genauer die Dinge überlegte, so war es doch zweifellos, daß eine solche Kandidatur, die Belgien an Frankreich anlehnte, von den Ostmächten abgelehnt werde und auch von England widersprochen würde. So leicht es sein mochte, bei den französisch gesinnten Belgiern dafür eine Mehrheit zu finden, bei den Großmächten wäre ohne einen Krieg nicht zum Ziele zu kommen möglich gewesen. Den König und den Marschall Sebastiani mußte die Kriegsfurcht vor dem entscheidenden Schritte zurück-

---

[2]) Vorher hatte die Herzogin von Dino schon eine Vermittlung zwischen der Prinzessin Adelaide und dem Prinzen gemacht, über den Talleyrand mit Palmerston ebenfalls schon verhandelt hatten. Diese Dinge spielten sich Mitte Dezember ab. B u f f i n hat diese ersten Anfänge der Kandidatur übergangen. Vgl. die Briefe in der Nouv. revue rétrospective 4, 234 ff., 238. In den Tuilerien wurde aber die Ansicht zunächst völlig fallen gelassen. Die englischen Verhandlungen mit dem Koburger liegen schon vorher. T a l l e y r a n d, Mémoires 3, 466 f.

[3]) L a n n o y a. a. O. S. 159.

schrecken. Diese Situation machte Palmerston in vollster Schärfe Talleyrand klar [4]) und seinem Blicke entging es nicht, daß eine sichere Niederlage besser erspart bleibe. Anders dachte der französische Vertreter in Brüssel, von seinem Standpunkte war die Kandidatur Nemours ein sicheres Mittel, die Kandidatur des Napoleoniden, des Herzogs von Leuchtenberg, zu beseitigen. Auf seinen Antrieb fand sich wirklich der König bereit, zwar nicht ja zu sagen, auch nicht mit dem Kopf zu nicken, nur im Auge lag — wenn ich bildlich sprechen darf — das Ja [5]). Die französische Politik lehnt öffentlich Nemours ab, insgeheim ermuntert sie seine Kandidatur, öffentlich geht es mit den Großmächten, insgeheim mit den franzosenfreundlichen Belgiern. Am 1. Februar hatte der Londoner Kongreß den Beschluß gefaßt, daß in keinem Falle der Souverän des neuen Staates aus den Prinzen der Häuser der fünf Großmächte genommen werden könne. Talleyrand hatte den Beschluß nur ad referendum genommen. Das Ergebnis der Wahl des Brüsseler Nationalkongresses, die 3 Tage später stattfand, war die Wahl Nemours mit schwacher Mehrheit (3. Februar 1831).

Eine solche Kunde mußte den Konferenzgesandten, die als Dank für die Neutralitätsbeschlüsse nur einen Protest gegen seine Bedingungen erhalten hatten, wie ein Hohn vorkommen. Die Ostmächte standen nicht allein, alle englischen Minister waren einig, daß die Annahme der Wahl seitens des französischen Königs durch Krieg beantwortet werden müsse. Talley-

[4]) Es ist eine der schärfsten Verurteilungen der französischen Expansionsbestrebungen. Bulwer 2, 37 f.

[5]) Vgl. Lannoy a. a. O. 170.

rand nahm es auf seine Verantwortung, die Ablehnung zuzusichern. Er kannte Palmerstons Ansicht. Gerade eben hatte ihm der Vertreter des Foreign Office gesagt: „Wir werden diese Ernennung als die Vereinigung Belgiens mit Frankreich ansehen, als nichts weniger, Frankreich mag sich auf die Folgen einrichten, die ein solcher Bruch aller Verpflichtungen unfehlbar hervorrufen würde." „Sein König," sagte Palmerston, „habe nur einen Weg, den er wandeln könne, ohne sein Wort zu brechen [6])."

Talleyrand, der die Anlehnung an England ermöglicht hatte, berichtete sofort, nur die unmittelbare Ablehnung der Wahl könne eine Katastrophe verhindern. Dem Säbelraßler Sebastiani, der um ein Uhr auf das höchste Roß gestiegen war und sich kriegslustig gezeigt hatte, erschien nach dem Empfange der Nachrichten Talleyrands um $5^1/_2$ Uhr bei Lord Granville, um den Verzicht auf die Wahl in sanften Worten mitzuteilen [7]). Die Zweideutigkeit der Franzosen hat Palmerston mit vollem Rechte gegeißelt: „Welches Vertrauen soll man in eine Regierung setzen . . ., die an dem einen Orte dieses sagt, an dem anderen Orte aber etwas anderes, die durch Bresson annimmt, durch Talleyrand ablehnt, die Meinungen, Erklärungen und Grundsätze bei jedem flüchtigen Aufleuchten von augenblicklichen Vorteilen wechselt [8])."

Die erste Macht, die in der Neutralität keinen dauernden Ausgleich von Interessengegensätzen sah, war Frankreich [9]).

---

[6]) Bulwer 2, 37.

[7]) Granville an Palmerston bei Bulwer 2, 40.

[8]) Bulwer 2, 46.

[9]) Talleyrand schrieb an die Prinzessin Vaudémont: „Il n'y a point d'appui à trouver avec des gens étourdis et turbulents comme

Palmerston, der in den Reihen der Großmächte den französischen Interessen am nächsten stand, wurde durch alle Entschuldigungen nur mißtrauischer. „Jeder Tag zeigt ihre Absichten auf Belgien und ihre geheimen Machenschaften diesem Lande gegenüber deutlicher . . . Warum will es versuchen, einen Einfluß auf Belgien auszuüben, auf den es durch das Protokoll vom 20. Januar verzichtet hat[10])?"

Es ist Frankreich gewesen, das durch seine Intriguen den rechtzeitigen Abschluß der Königswahl verhindert hat. Die Belgier hatte es zu Narren gehabt; die Getäuschten gaben sich einen Regenten und die Wahl fiel auf einen Freund des Anschlusses Belgiens an Frankreich. Die Belgier bewiesen zum ersten Male, daß sie nicht sahen, wo ihre wahren Freunde saßen. Es wäre ihnen zu wünschen gewesen, daß es das einzige Mal geblieben wäre.

Der Widerstreit der Gegensätze hat Frankreich noch mehr als einmal Teilungsversuche nahegelegt. Der erste fand im März statt. Der König von Holland hatte die Basis vom 20. Januar anerkannt, die Belgier aber trotzten dem Willen Europas. Da die Konferenz erbittert war, machte Sebastiani am 1. März einen Anwurf, um wenigstens das Herzogtum Bouillon zu gewinnen. Obwohl Palmerston scharf ablehnte, hat doch der weit vorsichtere, festere und klarere Nachfolger des gestürzten französischen Ministerpräsidenten Laffitte:

---

les Belges. La Belgique nous viendra peut-être mais plus tard; aujourd'hui c'est un intérêt sécondaire. La force des choses la mène à la France." Talleyrand, Mémoires 4, 106.

[10]) Palmerson an Granville 15. Februar 1831. Bulwer a. a. O. 2, 43.

Casimir Périer, der in England sehr günstig beurteilt wurde, noch einmal angeklopft: Bouillon oder das zur Rheinpfalz gehörige Landau! Aber Palmerston gab zur Antwort: „Wenn wir Frankreich einen Krautgarten oder einen Weinberg geben würden, so würden wir im Prinzip alle Vorteile der Lage einbüßen und alles würde eine Frage: Mehr oder Weniger werden .... Man muß unerbittlich bleiben [11].“ Der König selbst hat bei dem Botschafter Granville um die Abtretung von Marienbourg und Philippeville angehalten, als ein Mittel, um die Kandidatur des Koburgers in Frankreich populärer zu machen [12]. Der damalige Kriegsminister Marschall Soult aber wandte sich auf eigene Faust durch einen Mittelsmann an ein Mitglied des englischen Unterhauses, Frankreich sei für einen Seekrieg mit England nicht gerüstet, man müsse England gewinnen und dafür biete Frankreich Antwerpen und Ostende. Hinter dem Rücken von Talleyrand und dem der Konferenz wollte der Marschall so die Angliederung Belgiens an Frankreich erledigen [13]. Der französische General Lamarque wollte Freiwillige aufbieten (wenn Soult nur schweigend zustimme), um Limburg und das „größere Belgien“ zu erobern [14]. Der englische Staatsmann bezeichnete mit Recht die Haltung Frankreichs als die Ursache, daß man in Belgien nicht zum Abschluß komme. Périer gab nach, er vertrat eine Friedenspolitik.

---

[11]) 25. März 1831. Bulwer 2, 59.

[12]) Werthers Depesche vom 2. April. Hillebrand a. a. O. 232.

[13]) Craven, Lord Palmerston sa correspondance intime. Paris 1878 S. 38 (Palmerston an Granville 13. April 1831).

[14]) Guyot, Talleyrand et l'indépendance belge in Revue d'histoire moderne 3, 258.

Indem Frankreich nunmehr die Protokolle der Konferenz annahm (4. April), wurden die Belgier noch aufsässiger als bisher. Man hätte ohne Bedenken sich in einen Krieg gestürzt. Jetzt kam der Gedanke einer Teilung Belgiens von selbst wieder aufs Tapet; Diplomaten aller Großmächte haben das als kommend bezeichnet. Und ein Plan, der die vlamischen Provinzen an Holland, die wallonischen an Frankreich gab und Deutschland bis an die Maas vorrücken ließ, müßte den Anhängern des starren Nationalitätsprinzipes wohl als eine geeignete Lösung erscheinen, England scheint die Zitadelle von Antwerpen angeboten worden zu sein. Der englischen Politik entsprach aber besser dies neutrale Belgien, das war eine für England wirksamere Deckung als eine isolierte Zitadelle oder Festung im innersten Winkel einer Flußmündung. Talleyrands Versuchungen setzte England klaren Widerstand entgegen.

Ein Wechsel des belgischen Ministeriums, in dem Lebeau die Führung hatte, brachte die Königswahl wieder in den Vordergrund und dieses Mal wurde der Kandidat Europas, Leopold von Sachsen-Koburg (4. Juni), erkoren, freilich unter einem Vorbehalte, der gegen das Werk der Konferenz gerichtet war, die ihre Vertreter von Brüssel abberief. In dieser Krisis trat die Gefahr eines allgemeinen Krieges hinter der eines Kampfes zwischen Holland und Belgien zurück. Doch wer konnte den Brand einschränken? Alle Großmächte waren für den Frieden stärker interessiert als je. Von selbst sprang zum dritten Male der Teilungsgedanke hervor.

Selbstverständlich kam die Anregung wieder von Frankreich. Périer trat dieses Mal direkt an Preußen heran und schlug eine Sonderallianz vor. Der König aber wollte sich nicht von der Konferenz trennen, wies gleich England die

Sonderallianz und damit die Teilung zurück; „aber er hielt doch das Verbleiben Maastrichts und Luxemburgs bei Holland und Deutschland für so wichtig „im preußischen Interesse wie in dem des allgemeinen Friedens“, daß er um den Preis den Franzosen die so heiß begehrte Grenze von Marienburg, Philippeville und Bouillon abgetreten hätte“. Aber selbst diese „kleine Grenze“ gestand er nur zu, wenn die Sache mit allen Mächten offen besprochen würde[15]). Dem Interesse Frankreichs konnte und durfte der Vorkämpfer Deutschlands an der Westgrenze nicht ein Mehr opfern.

Die englische Regierung hatte ihre Fühlung mit der französischen durch den Geist der Vergrößerungssucht und der Angriffslust, dem Laffitte, Sebastiani, um populär zu bleiben, und selbst der König immer wieder verfallen waren, ernstlich gestört gesehen. Auf Périer vertraute sie, aber auch unter seiner Verwaltung kamen dieselben Kräfte immer wieder zur Geltung. Das sollte sich bald zeigen.

Der jugendliche belgische Abgeordnete Nothomb fand eine Lösung der schlimmsten Streitfragen zwischen Belgien und Holland. Sie war mit dem Wortlaute der Konferenzbeschlüsse im Einklange, änderte aber ihre Absicht und war Belgien von Vorteil. Die Kunst der Diplomaten war schließlich darauf gegangen, so unbestimmte Worte zu wählen, daß wenigstens die Belgier und die fünf Großmächte sich darauf einlassen konnten. Auch Bülow hatte sich bei Maastricht, das er nicht unter belgische Herrschaft kommen lassen sollte, auf eine

---

[15]) Hillebrand a. a. O. 1, 234. Stern a. a. O. 4, 243 nach Berichten Werthers vom 23. Juni, 22. Juli und den Weisungen Ancillons.

zweifelhafte Ausdrucksweise eingelassen. Auf solchem Wege kamen zwischen den belgischen Vertretern, dem erwählten Könige und der Konferenz die berühmten 18 Artikel vom 26. Juni in schwierigen Verhandlungen zustande. Unter dem vorwiegenden Einfluß von England ward das Aktenstück von der Konferenz als äußerste Bewilligung der Großmächte an Belgien genehmigt.

Der Koburger nahm nun die Wahl an, wenn die Belgier die 18 Artikel annähmen. Diese aber gewann Lebeau nur dadurch, daß er seinen Landsleuten all die höchst zweifelhaften Ausdrücke in rosaroter Beleuchtung erscheinen ließ. Ob er's selbst glaubte?

Der König von Holland aber weigerte sich, diese Artikel zu unterschreiben, mit gutem Grunde; er hatte zuerst nachgegeben, der Starrsinn der Belgier hatte für ihn die Folge, daß er nun ein zweites Mal zurückweichen sollte.

Da der Koburger im Lande erschien, den Eid auf die Verfassung leistete, war der Gegensatz völlig scharf geworden. Der König der Niederlande wandte sich an die Waffengewalt und kündigte den Waffenstillstand. Belgien war gegenüber dem starken und guten holländischen Heere verloren. Hätte er mehrere Monate vorher den Waffenstillstand gekündigt, so wäre Belgien entweder glatt in die Hände der Holländer zurückgefallen oder wäre Gegenstand und selbstverständlich auch der Schauplatz eines großen Krieges geworden [16]. Was

[16]) Es ist gut, die Worte eines Belgiers anzuführen: Lannoy sagt S. 252: „Au point de. vue des intérêts hollandais, cette tentative hardie se justifiait complètement et il est probable que si elle eut été exécutée quelques mois plus tôt, avant l'arrivée du roi Léopold, c'en eût été fait de notre nationalité naissante."

die wechselnden Führer der Revolution in den früheren Stadien niemals erreicht hätten, erreichte nun der neue König, der Kandidat Europas war und geeignet schien, den belgischen Unruhen ein Ende zu machen. Zwar standen Rußland und Österreich innerlich auf holländischer Seite, Preußen hielt sich neutral, aber die Hilfe von Frankreich war dem Belgier sicher, vielleicht auch die von England.

Eben hatte der junge König die Verfassung beschworen, so begann er seine Regierung auch schon mit einem Bruch derselben. Der Artikel 121 scheint überhaupt da zu sein, um gebrochen zu werden, denn auch bei Beginn des jetzigen Weltkrieges ist er von König Albert gebrochen worden. Der Artikel lautet: „Aucune troupe étrangère ne peut occuper ou traverser le territoire qu'en vertu d'une loi.“

Zwar hat der belgische Minister der auswärtigen Angelegenheiten de Muelenaere mit seinen Amtsgenossen den korrekten Standpunkt vertreten, aber der König hatte sich durch den früheren Minister Lebeau dazu bewegen lassen, sofort die Hilfe von Frankreich und England, die Garantie der Neutralität anzurufen!

Lannoy hebt den Widerspruch hervor: im September 1830 hatte das Prinzip der Nichtintervention, vom französischen Standpunkt aus vorgeführt im Widerspruch zu den Verträgen von 1815, Belgien vor einer orangistischen Restauration behütet; im August 1831 verlangte Belgien im Namen des entgegengesetzten Prinzipes, im Namen eines noch nicht ratifizierten Abkommens den Schutz Frankreichs [17]).

---

[17]) a. a. O. S. 256.

Aber ist nicht noch frappierender folgender Vergleich: im September 1830 hatte Frankreich verhindert, daß der in einer gegen dasselbe errichteten Bastion entstandene Aufruhr niedergedrückt wurde, August 1831 zogen französische Truppen ein, um die Neutralität der Bastion gegen ihren Herrn von gestern zu verteidigen. Erst diese Erörterung zeigt uns, welch gewaltige Fortschritte Frankreich gemacht hatte.

Die französischen Truppen haben Belgien gerettet. Die Ostmächte hätten ja sonst in den von niemand gewollten Krieg eintreten müssen. Preußen hatte zwar in Paris sofort das Recht geltend gemacht, auch seine Truppen einrücken zu lassen. Dieses Recht wurde schriftlich anerkannt. Wenn die Neutralität Belgiens tatsächlich verschwunden war, so lebten die Rechte von 1815 wieder auf! (Wie war es 1914? wird jeder sofort fragen, da Belgien doch nicht wahrhaft neutral war!). Der preußische König wollte sich aber nur auf einen reinen Defensivkrieg beschränken, so unterblieb denn der Einmarsch. Doch verlangte Bülow auf der Konferenz, daß wenigstens nachträglich dem französischen Einrücken ein europäischer Charakter gegeben werde, die Franzosen dürften unter keinen Umständen die Maas überschreiten und Maastricht oder Venloo belagern [18]). Dieser Stempel wurde denn auch dem französischen Heeres- und dem englischen Flottenunternehmen aufgeprägt.

Die Franzosen kamen angeblich als Befreier, Talleyrand aber hielt den Augenblick, wo die belgische Armee unter den Schlägen der Holländer zusammengebrochen war und französische Truppen im Lande standen, für geeignet, um die Teilung

---

[18]) Lannoy S. 261.

Belgiens zu erreichen. Der belgische Staat gelte wohl als ein verfehltes Experiment: qu'il n'y a pas de Belgique possible [19]).

Sofort trat er an den preußischen Vertreter heran, die Unfähigkeit des neuen Königs, der Charakter der belgischen Vagabunden waren die ersten Gründe [20]). Die Krisis bedrohe zugleich in Paris das Ministerium Périer und in London das whigistische Ministerium. Diese Schwierigkeiten zu beseitigen, gebe es nur ein Mittel: die Teilung. Wenn Frankreich, Preußen und Holland sich einigten, würde die Sache einfach sein und England würde wohl befriedigt sich fühlen mit der Erklärung von Antwerpen (und nötigenfalls Ostende) als Freihafen [21]).

Mit voller Bundestreue teilte Bülow dem englischen Kabinette diese Angebote mit, wie auch dem Vertrauten des Königs Leopold und stellte sich auf den Standpunkt, daß ein unabhängiges und neutrales Belgien Preußen als die beste Politik erscheine [22]). Auch in Paris machte Sebastiani an Werther dieselben Vorschläge, man solle davon nicht die Höfe von London, Wien und Petersburg verständigen [23]). In Berlin widerstand man allen Lockungen.

---

[19]) An Madame Adelaide 11. August 1831. Talleyrand, Mémoires 4, 262.

[20]) „That Leopold is a poor creature, and unfit to by a king, the Belgians a set of cowardly vagabonds, unworthy to be independent." So schreibt Palmerston an Granville 12. Aug. 1831. Bulwer a. a. O. 2, 91 f.

[21]) Vgl. auch Stern 4, 250 nach Bericht Bülows 13. Aug. 1831.

[22]) Lannoy S. 267. Stockmar, Denkwürdigkeiten aus den Papieren des Freiherrn Christian Friedr. v. Stockmar S. 184.

[23]) Hillebrand a. a. O. 268.

Mit voller Schärfe hat man in dieser für Belgien gefährlichsten Stunde in Berlin an dem neutralen unabhängigen Staate festgehalten [24]. Es hätte den Belgiern diese Tatsache wohl im Gedächtnisse haften sollen. Es war nicht unmöglich, daß der belgische Staat damals, ohne einen allgemeinen Krieg herbeizuführen, verschwand.

Die belgische Forschung ist auch heute noch geneigt, das französische Unternehmen als nicht ernst gemeint hinzustellen oder als eine Intrigue ausschließlich Talleyrands [25]. Aber Sebastiani, eine der handelnden Figuren, war doch der verantwortliche Minister. Und hat nicht Nothomb, der diplomatisch Fähigste aller der Begründer des jungen Königreiches, oft gesagt: que deux hommes seulement acceptaient en France, sans arrière-pensée, l'indépendance de Belgique: Louis Philippe et Guizot [26]. Der preußische Gesandte hat die Politik in voller Treue und Ehrlichkeit geführt [27]. Daran änderte es nichts, wenn er schließlich die „kleine Grenze" (Marienbourg und Philippeville) an Frankreich einzuräumen für möglich gehalten hätte, wenn nur die Position in Luxemburg dem deutschen Bunde durch Preußen gewahrt werde. Aber selbst davon hat Palmerston nichts vernommen, er vermutet es nur. Vermutung ist aber kein Beweis [28].

---

[24]) Lannoy 269: „La Prusse ne voulut donc pas positivement du partage."

[25]) V. de Weyer, Patria belgica 2, 321.

[26]) Nothomb, Essai historique et politique sur la Révolution belge 4. éd. (1876) 1, 159.

[27]) Van de Weyer, Patria belgica 2, 321. „La Prusse repoussa avec indignation ces ouvertures insidieuses."

[28]) Palmerston schreibt: „thoug I see that Bulow has a migthy longing for the fortress of Luxembourg, with a small district round

Eine kritische Stunde für Belgien: Hätte Preußen eingeschlagen, so hätten die Belgier das Los der Polen geteilt, und der Deckel von ihrem Sarge hätte sich nicht mehr gehoben. Frankreich hätte sich bis Brüssel erstreckt, England ein nordisches Gibraltar in Antwerpen und dem flandrischen Lande von Brügge, vielleicht von Ostende ab nördlich gewonnen, Preußen wäre bis an die Maas vorgerückt, hätte Maastricht und Luxemburg, vielleicht auch Lüttich erhalten. Wie oft wäre dann Belgien wieder das Schlachtfeld Europas gewesen?

Louis Philipp hatte die Truppen in Belgien einmarschieren lassen, er wollte sie aber nur zurückziehen, wenn ihm ein für jeden Franzosen sichtbarer Erfolg, eine Entschädigung zuteil werde, dem widersetzte sich jedoch England. Lord Grey wollte sich nicht durch Drohungen zu irgend etwas bringen lassen. Palmerston schrieb: „Eine Sache ist sicher, daß die Franzosen aus Belgien heraus müssen, oder es gibt einen allgemeinen Krieg und das in wenigen Tagen[29]).“ Es war das Verdienst Périers, daß die Truppen das Land räumten. Die Frage der Schleifung der übergroßen Zahl von Festungen, die Belgien hätte besetzen müssen, war noch nicht gelöst.

Die letzten Ereignisse hatten gezeigt, daß Belgien, welches Holland sofort unterlegen war, unmöglich aus sich heraus eine starke Bastion gegen Frankreich sein könne. Die englischen Staatsmänner waren ernüchtert. Wäre der Beschluß über die

---

it; not that he has ever dropped the stightest hint of such a nation, but knowing him pretty accurately, I see it pretty clearly at the bottom of the well.“ Bulwer 2, 105. Hillebrand, der die Akten eingesehen hat, bestreitet diese Nachgiebigkeit Bülows 1, 244.

[29]) 17. August 1831. Bulwer 2, 97.

Neutralität nicht schon vorher gefaßt worden, schwerlich würde er damals noch gefaßt worden sein. Aber er war gefaßt, und mit Ausnahme der Franzosen, die eine Annexion immer noch wünschten, sah niemand eine bessere Lösung, die Annexion an Frankreich aber traf auch Englands Interessen. So verhandelte die Konferenz denn weiter und schuf unter Berücksichtigung der Sprachgrenzen eine Teilung des alten Herzogtum ,Luxemburgs und eine Entschädigung Hollands durch das Herzogtum Limburg, eine Grenze, wie sie den Interessen des deutschen Bundes und Preußens entsprechend gefunden wurde. Holland erhielt mehr als es vor dem Einmarsche erhalten haben würde, denn eine Verstärkung Hollands gegen Frankreich schien jetzt den Großmächten notwendig zu sein.

Die Neutralitätsformel wurde in den 24 Artikeln, den endlichen und unwiderruflichen Entscheidungen der Konferenz vom 15. Oktober 1831, erheblich abgeändert. In den 18 Artikeln war ausdrücklich die Neutralität von den fünf Mächten garantiert worden. In den 24 fehlt die Garantie, es heißt einfach: „Art. VII: La Belgique, dans les limites indiquées aux articles I, II et IV, formera un état indépendant et perpétuellement neutre. Elle sera tenu d'observer cette même neutralité envers tous les autres états." Nur auf einem Umwege trat die Garantie der Mächte zu den abgeschlossenen 24 Artikeln deutlich hinzu. In dem definitiven Vertrage vom 15. Nov. 1831, der zwischen den Großmächten und Belgien abgeschlossen wurde, heißt es: „Les Cours de Russie, d'Autriche, de France, de la Grande Bretagne et de Prusse garantissent à S. M. le Roi des Belges l'exécution de tous les articles qui précèdent."

Hatte im ersten Beschlusse, dem Protokolle vom 20. Januar und in den 18 Artikeln, die Integrität als verbürgt gestanden, so mußte man in Zukunft die Integrität und Unverletzlichkeit als Folge der Unabhängigkeit und Neutralität ableiten [30]).

Belgien mußte in seiner Machtlosigkeit alle Wünsche beiseite setzen und es blieb ihm nichts übrig als die 24 Artikel anzunehmen. Preußen schritt mit Österreich am 18. April 1832 zur Ratifikation. Noch länger zögerte Rußland.

Der König von Holland hat noch viele Jahre gewartet, erst am 19. April 1839 schloß er seinen definitiven Frieden mit Belgien. In diesem finden sich die Neutralitätsbestimmungen vom 15. November 1831 wieder.

Die Garantie der Mächte wurde in einem Vertrage vom gleichen Tage (19. April 1839) beurkundet. Auf diesen Abmachungen beruht die Verpflichtung Preußens.

Nach dem Wortlaut dieser Verträge erstreckt sich die Garantie nur auf Unabhängigkeit und Neutralität: Etat indépendant et perpétuellement neutre. In den 18 Artikeln war die Garantie gefaßt: cette neutralité perpétuelle, ainsi que l'intégrité et l'inviolabilité de son territoire. Folgt man nur den Worten, so hat die jüngere rechtskräftige Urkunde ausgeschieden: intégrité und inviolabilité, neu eingefügt die indépendance. Wenn nicht in der indépendance die intégrité und inviolabilité eingeschlossen ist, so ist eben die Integrität und

---

[30]) Lannoy, Revue générale 82, 87 Anm. 4 spricht die Meinung aus, daß England nach dem Einrücken der Franzosen nur noch wenig Vertrauen in die Durchführbarkeit der Neutralität gehabt habe. Auf dieses geminderte Interesse der Engländer sei auch diese schwächere Formulierung in den 24 Artikeln zurückzuführen.

Unverletzlichkeit des belgischen Staates gar nicht verbürgt worden.

Diese Meinung vertritt einer der ersten belgischen Staatsrechtslehrer, der zugleich vom belgischen Staate zum Mitgliede des internationalen Schiedsgerichtes delegiert worden ist, Ernest Nys [31]), noch neuerdings.

Er schreibt: „En réalité, la Belgique obtenait la garantie de la neutralité, mais les cinq puissances ne lui donnaient point la garantie de l'intégrité et de l'inviolabilité du territoire; elles avaient donné d'abord cette dernière garantie, puis elles l'avaient retirée [32])." Aus dem Worte indépendant dürfe man nichts schließen und er führt dann den Sinn dieses Wortes meines Erachtens durchaus richtig dahin aus; es umschließt nur das Recht, die souveränen Rechte auszuüben [33]).

Es ist nicht etwa die beiläufig ausgesprochene Meinung eines Juristen, sondern eine wohlerwogene Ansicht. Ihr Träger hat sie schon im Jahre 1901 ausgesprochen [34]), gegen sie hat Descamps mit sehr großer Ausführlichkeit alle Gegengründe zusammengebracht [35]) — und sie wiegen schwer —, aber Nys hat sich nicht überzeugt, er trägt 1912 dieselbe Lehre wie 1900 vor.

---

[31]) Außer Professor an der freien Universität zu Brüssel ist er auch Lehrer an der von Solvay begründeten Ecole libre des sciences politiques et sociales und Ehrendoktor von Edinburgh und Glasgow.

[32]) Ernest Nys, Le droit international, les principes, les théories, les faits. Bruxelles, Weißenbruch 1912 1, 424.

[33]) Ebenda S. 425.

[34]) Notes sur la neutralité in: Etudes de droit international et de droit politique 2, 125.

[35]) Neutralité 220 ff., 265. 533—8.

5*

Die Meinung von Nys läßt also Belgien gar nicht die Unverletzlichkeit seiner Grenzen verbürgt sein! Der deutsche Einmarsch vom Jahre 1914 war demnach gar keine Verletzung der belgischen Neutralität. Der belgische Staatsrechtslehrer, dieses Mitglied des internationalen Schiedsgerichtes, ist also ein Zeuge dafür, daß das deutsche Reich gar nicht die von Preußen verbürgte Neutralität Belgiens gebrochen hat.

Der neutrale Leser möge sich diesen Zeugen merken!

Descamps sah bereits, wie gefährlich die Nysschen Ausführungen waren, und er deutet einen politischen Untergrund in den Worten an: „Man kann in solchen Versuchen nur eine Absicht erkennen, die Grundlagen unserer internationalen Rechtsstellung niedrig zu schätzen, eine Absicht, die der Zweck nicht rechtfertigt, so löblich er in sich sein mag, Belgien zu beweisen, daß es in den internationalen Schwebungen vor allem auf sich selbst zählen muß [36])." Unverkennbar liegt seit langem eine Tendenz vor, die auch auf die Rechtslehrer hinübergreifen mag: Belgien solle die Fesseln der Neutralität mindern, es sei kräftig genug, frei Stellung zu nehmen. Der Schirm, der Belgien behütete, war manchem eine Last geworden.

Diese Ausführungen leiten schon zu dem letzten Kapitel hinüber.

Fassen wir zunächst die Ergebnisse dieses Kapitels zusammen.

Blicken wir rückwärts.

---

[36]) a. a. O. 532.

1. Die Neutralität Belgiens war ein Auskunftsmittel, um einen drohenden allgemeinen Krieg zu verhindern.

2. Belgien verdankt seine Existenz nicht seiner eigenen Kraft, sondern dem von den Großmächten gefundenen Ausgleich schwerer Gegensätze unter ihnen.

3. Belgien ist mit der Neutralität dauernd belastet.

4. Belgien besitzt neben seiner Verfassungsurkunde ein mit den fünf Großmächten abgemachtes Grundgesetz, das die Rechte des belgischen Volkes und die Interessen der anderen Staaten in Einklang gebracht hat.

5. Es ist also der belgische Staat, dessen auswärtige Politik die letzten Mittel des Staatenlebens nicht besitzt, ein Staat minderer Ordnung, als diejenigen es sind, welchen nicht die Neutralität auferlegt worden ist.

6. Es gibt angesehene Belgier, welche behaupten, daß Belgien zwar die Unabhängigkeit und Neutralität besitzt, aber nicht die Unverletzlichkeit.

Belgien hat durch diesen Neutralitäts-Vertrag einen Schutz gegen die gefährlichen Folgen seiner natürlichen Lage erhalten. Seine geographischen Bedingungen verurteilten es, das Schlachtfeld für die schwersten Kämpfe der großen Nachbarn zu sein; der Neutralitätsvertrag hielt die Nachbarn völlig fern.

Er ist ein von allen Nachbarn anerkannter Salvaguardiabrief für ewige Zeiten.

Ohne die Neutralität wäre Belgien in alle großen europäischen Kämpfe verwickelt worden, in allen hätte es zum Kriegstheater dienen müssen; die Existenz eines unabhängigen Belgiens ohne die Neutralität hätte nicht eine Lebensdauer von 10 Jahren erreicht.

So aber schob es die Feldzüge und Schlachten über die Grenzen hinaus, erblühten seine Lande und seine Bewohner. Im eigenen Lande war jeder sicher vor den großen Stürmen der Politik und jeder belgische Kaufmann und Kapitalist hatte außerhalb viel bessere Aussichten als der Sohn eines Staates, der in den Krieg verwickelt werden kann. Der ungemein große Aufschwung des belgischen Landes beruht nicht allein auf der Tüchtigkeit, der Regsamkeit seiner Bewohner, der Klugheit und Geschicklichkeit seiner Herrscher und seiner Regierungen, dem Aufblühen Deutschlands, als dessen Hafenstadt im wirtschaftlichen Sinne Antwerpen mitzuzählen ist, sondern die Sicherheit, die die Neutralität gewährte, kam hinzu. Der Belgier war, wie der Schweizer es ist, nicht den notwendigen Spannungen der Politik, die den Franzosen, Deutschen usw. lähmen, ausgeliefert, er war freier als sie. Und das war er nicht deswegen, weil er aus sich die Neutralität erworben oder auch nur erstrebt hätte, nicht aus seiner Kraft kam ihm dieser Segen zugute, sondern aus dem Entschlusse der Nachbarn, die ihre eigene Unsicherheit mindern wollten, quoll ihnen dieser ununterbrochen sprudelnde Quell von Vorteilen zu.

Die Gunst des Zufalls (polnische und italienische Revolution), der feste Wille Palmerstons, die Nachgiebigkeit Talleyrands, die Geschicklichkeit einiger belgischer Staatsmänner hatten Belgien und Europa über diese Krisis gebracht; aber man darf nicht vergessen, daß die preußische Politik — anders geführt — das alles zunichte gemacht hätte; *die Friedensliebe des preußischen Königs, seine durchaus ehrliche Politik* waren erforderlich, um die Bildung des belgischen Staates zu ermöglichen.

Mit der Dankbarkeit eines Volkes oder eines Staates rechnet kein ernsthafter Politiker, aber es kommen Stunden, in denen ein Volk und in denen ein Staat es bereut, undankbar gewesen zu sein. Unklugheit ist ein Fehler, Undankbarkeit bleibt aber auch in großen Verhältnissen eine Sünde.

IV. Wer versuchte die belgische Neutralität zu vernichten?

Ist Belgiens Geschichte von der notwendig aus der Neutralität erforderten Gesinnung erfüllt gewesen? Das ist die Frage, welche sich die belgischen Historiker nicht vorlegen, sie haben sich aber oft die andere gestellt, ob die Nachbarn an ihrem heiligen Grundrechte haben Hand anlegen wollen.

Eine genaue Darstellung würde ein Werk erfordern. Nur einzelne Schlaglichter möchte ich auf dieses Gewebe fallen lassen.

Die Belgier haben zunächst der Neutralität sehr wenig Interesse gewidmet. Sie sahen viel gleichgültigere Dinge als wertvoll an, „c'est à peine si l'on fit attention à cette clause d'une portée si vaste" hat 40 Jahre nachher der geschrieben, der damals Minister war [1]).

Die erste große Weltkrisis, die Belgien erlebte, war die vom Orient ausgehende von 1840. Der König, dessen hoher Geist seiner schwierigen Aufgabe völlig gewachsen war, erklärte in dem Gewitter die neutralité sincère, loyale et forte. Er erfüllte die Pflicht Belgiens, aber tatsächlich hatte Belgien die gefährdete Flanke Frankreichs geschützt.

---

[1]) Sylvain Van de Weyer in Patria belgica 2, 334.

Die zweite, die folgte, war die Revolution von 1848. Die abermals in Frankreich ausgebrochene Revolution hielt es für ihr gutes Recht, in das neutrale Belgien vorzustoßen. Der Einfall von Risquons tous endete mit einer Niederlage. Die französische Regierung bestritt jede Mitschuld, England und Preußen erklärten sich sehr energisch für die Aufrechterhaltung der Neutralität.

Die dritte Krisis war die des Krimkrieges. Das mit Frankreich verbündete England wollte damals auch Belgien zum Kriege gegen Rußland veranlassen. Regierung und Volksvertretung Belgiens hielten sich völlig neutral [2]).

Die vierte ist die des Kampfes um die Herrschaft in Oberitalien 1859. Die Neutralität Belgiens ward nicht direkt bedroht. Dieses Mal aber forderte der alte König, daß Belgien auf sich selbst stehen könne. Er forderte ein Festungssystem. Wie Frankreich diesen Schutz aufnahm, mögen die Worte van de Weyers zeigen: „Frankreich allein, das unsere Neutralität soeben während des Krieges gedeckt hatte, wollte darin einen Akt des Mißtrauens sehen. Die Pariser Presse . . . erging sich in den lebhaftesten Beschuldigungen [3]).“

Wir kommen zur fünften Krisis. Nach den Tagen, in denen zu Nikolsburg über den Frieden zwischen Österreich und Preußen verhandelt worden war, war es Kaiser Napoleon, der, nachdem er zunächst süddeutsches Gebiet verlangt hatte und von Bismarck abgewiesen worden war, den Vorschlag machte, Belgien mit Frankreich zu vereinen. Das französische Staatsoberhaupt machte diesen ihn bloßstellenden Vorschlag [4])

---

[2]) Van de Weyer, Patria belgica 2, 353.

[3]) S. 356.

[4]) Diese Ansicht vertritt auch Van de Weyer S. 360.

dem klügsten Staatsmanne, der nie ernsthaft daran gedacht hat, Belgien an Frankreich einzuräumen [5]). Bismarck hatte die große Geschicklichkeit, Benedetti zur Niederschrift zu bringen, so daß er von dessen Hand den Beweis in Händen hatte.

Die luxemburgische Frage brachte im nächsten Jahre auch Teile von Belgien unter die Gefahr, an Frankreich zu kommen. Kaiser Napoleon und der Österreicher Beust hätten in diesem Sinne die Politik geführt. Allein es kam zur Entfestigung von Luxemburg und zur Neutralität dieses Ländchens.

Napoleon war aber nicht damit zufrieden, er kam auf die schon 1836—43 verhandelte Zollvereinigung mit Frankreich zurück, vor allem aber erstrebte er den Erwerb einiger belgischen Eisenbahnen, es handelte sich gerade um die strategisch wichtigen Linien im Osten des Landes. Dem widersetzte sich die belgische Regierung, bis an den Rand des Krieges gegen Frankreich wurde sie geführt. Napoleon wich aber endlich zurück [6]).

Ihr folgte schon im nächsten Jahre die schwerste, die achte Krisis, die von 1870. Bismarck wollte durchaus die Neutralität Belgiens schonen, er hatte in dem Benedettischen Aktenstücke eine Waffe. Als Belgien und England davon Kenntnis erhielten, waren beide Regierungen von aller Versuchung geheilt, Frankreich etwas zuungunsten Preußens zuzugestehen. Die Neutralität des belgischen Staates ward aber als so unsicher und schwach angesehen, daß Gladstone mit

[5]) de la Gorce, Histoire du second empire 5, 65 sagt von diesem Plane des Kaisers Napoleon: L'excuse, la seule excuse, ce furent les suggestions de M. de Bismarck.

[6]) Vgl. Descamps a. a. O. 390—5.

beiden kriegführenden Teilen einen Vertrag schloß, wenn einer der Kriegführenden die Neutralität Belgiens verletze, so sollte England der Bundeshilfe des anderen Kriegführenden sicher sein. Dieses wirksame System hat die Neutralität Belgiens geschützt. Der norddeutsche Bund hat den Vertrag am 9. August unterzeichnet, Frankreich zwei Tage später.

Es ist aber wohl zu beachten, diese Verträge sind nicht notwendig, gleichsam mechanisch in Wirkung tretende Konsequenzen des Vertrages von 1839. Gladstone bestritt in seiner Rede ausdrücklich die Meinung „that the simple fait of the existence of a guarantee is binding on every party to it, irrespectevely altogether of the particular position in which it may find itself at the time when the occasion for acting on the guarantee arises". Ein freie Prüfung der Interessen Englands, Belgiens und der beiden Kriegführenden gab den Anlaß zu den Verträgen, die Belgiens Neutralität wirksam schützten.

Es ist eine weit verbreitete und keinsewegs sofort von der Hand zu weisende Auffassung, daß diese Verträge von 1870 geradezu den Beweis dafür lieferten, daß schon damals die Verträge von 1839 als hinfällig angesehen worden seien. Diese Meinung hat zuerst der große französische Historiker Albert Sorel [7]) vertreten.

Aber auch eine sehr einflußreiche belgische Persönlichkeit war derselben Meinung, Oberst Ducarne 1900—1. Er hat sie in amtlicher Eigenschaft in amtlichem Gutachten vertreten [8]).

---

[7]) Histoire diplomatique de la guerre franco-allemande 2, 224.

[8]) Descamps a. a. O. 328. Das dort angeführte Memoire Ducarnes selbst war mir nicht zugänglich.

Oberst Ducarne, wer ist das? Er ist derselbe, der bald nach 1901 im Kriegsministerium der Generaldirektor der militärischen Operationen wurde und 1905 zum Chef des belgischen Generalstabskorps aufrückte.

Es ist derselbe General, der 1906 mit dem englischen Militärattaché in Brüssel ein Abkommen traf über die gemeinsamen Operationen der verbündeten Engländer und Belgier.

Ein Mann, der selbst die Neutralität für erloschen hält, schreibt an den Rand seines berüchtigten Berichtes die Worte: „L'entrée des Anglais en Belgique ne se ferait qu'après la violation de notre neutralité par l'Allemagne [9])." Wer wird von ihm zum Narren gehalten? Jeder, der an die Neutralitätstreue dieses belgischen Generalstabschefs glaubt!

Mit dieser Meinung steht im engsten Zusammenhange die des Prof. Burgess.

Er hält den Garantievertrag aus folgenden Gründen für erloschen. Wie die Reden Gladstones beweisen, sind schon damals die Verträge als hinfällig angesehen worden, der Sondervertrag mit England von 1870 schuf eine zeitlich beschränkte Bindung, er erlosch 1872. Das neue deutsche Reich hat niemals einen Vertrag über die Garantie der Neutralität Belgiens unterzeichnet. Folglich ist das deutsche Reich gar nicht gebunden [10]).

Ein großer französischer Gelehrter, ein belgischer Generalstabschef und der treff-

---

[9]) Vgl. das Faksimile in Die belgische Neutralität (Verlag von Georg Stilke in Berlin) S. 24.

[10]) The guarantee of Belgian Neutrality. The New York Times. Current History of the European war. Vol. 1, 511 ff.

liche nordamerikanische Staatsrechtslehrer sind im Ergebnis einig: die Neutralitätsverpflichtungen sind erloschen.

Der junge Brialmont hat seinen Landsleuten einst die Wahrheit entgegengehalten: „Unter den Gefahren, welche unsere Unabhängigkeit bedrohen, kommt unbestritten die ernsteste von der in Frankreich sehr verbreiteten Meinung her, daß der Besitz Belgiens für die Sicherheit und die Größe dieses Landes nötig ist, und von der nicht minder allgemeinen Meinung, daß die französischen Heere sich nur in Lille oder Maubeuge zu zeigen brauchen, damit sofort die dreifarbige Fahne auf den Türmen von Brüssel aufgezogen werde: ein doppelter Irrtum [11]."

In der ganzen Zeit von 1839—1914 hat Belgien niemals eine Anfechtung seiner Neutralität von Preußen erlebt, fast jede Regierungsform Frankreichs hat aber den Gedanken der Annexion Belgiens wieder aufgenommen und England hat 1855 Belgien als seine Soldaten im Krimkriege verwenden wollen. Wer hat denn die Interessen Belgiens wohl am meisten im Auge gehabt? Wer?

---

[11]) Brialmont, Considérations politiques et militaires sur la Belgique (1851) 1, 94.

V. Veränderung des Zweckes des belgischen Festungssystemes.

Das belgische Festungssystem hat eine eigentümliche Entwicklung genommen. Der kleine Staat war nicht imstande, die ganze Kordonlinie, die Wellington eingerichtet hatte, ausreichend mit Truppen zu besetzen. Es war die Überzahl der Festungen sogar eine Gefahr geworden. Die vier Mächte, die sie als Schutzwehr gegen Frankreich hatten erbauen lassen, wollten bei der Behandlung der Festungsfrage mit Fug und Recht den französischen Vertreter nicht zulassen. Sie einigten sich grundsätzlich über diese Frage durch das Protokoll vom 17. April 1831, worin eine Verminderung beschlossen wurde [1]).

Der Einmarsch der Franzosen in Belgien im August weckte deren Lust, die Festungsfrage wieder aufzurollen, England aber wollte nicht dulden, daß diejenigen, gegen die die Mauern errichtet worden waren, die Augenzeugen ihrer Schleifung würden. Im Dezember brachte diese Frage noch einmal die Kriegsgefahr. In der französischen Thronrede vom 23. Juli war das Protokoll als ein großer Erfolg Frankreichs dar-

[1]) Am 27. Juli wurde das Protokoll von England an Belgien mitgeteilt mit folgenden bezeichnenden Worten: „au sujet de défense militaire, en rapport avec sa position de barrière pour les autres Etats de l'Europe, contre une agression possible de la France.“

gestellt worden, diese dem französischen Volke dargebotene Täuschung ließ sich nicht lange aufrecht erhalten. Im Ärger drohte der französische König seinem belgischen Schwiegersohne. Einen Augenblick war das französische und das englische Ministerium von dem Ausgange dieser Frage geradezu bedroht. Aber Ludwig Philipp trat den Rückzug an.

Der zwischen den vier Großmächten und Belgien abgeschlossene Hauptvertrag vom 14. Dezember 1831 sah die Entfestigung von 5 Plätzen vor, die sämtlich an der französischen Grenze liegen: Menin, Ath, Mons, Philippeville und Marienbourg. Die übrigen zu unterhalten, verpflichtete sich aber die belgische Regierung. Art. 4: „Les forteresses de la Belgique qui ne sont pas mentionnées . . . . seront conservées. S. M. le Roi des Belges s'engage à les entretenir constamment en bon état." Es ist dieser ganze Vertrag ein deutlicher Beweis dafür, daß die vier Großmächte die Erhaltung einer gegen Frankreich gerichteten Festungsbarrière mit der Neutralisierung Belgiens verbinden wollten. Darüber kann kein Zweifel aufkommen. Auch liegt kein unheilbarer Widerspruch zwischen Neutralität und Barrièresystem vor, man stellte sich vor, daß ein Barrièreland durch hinzutretende Neutralisation in seiner Defensivkraft nur noch mehr gesichert sei.

Der Artikel 4 war aber nicht wirksam geschützt; da er in Art. 6 nicht unter denjenigen aufgezählt ist, über deren Ausführung sich die Großmächte die Aufsicht vorbehielten, so ist zu schließen, daß diesen Staaten über die Erhaltung der Festungswerke ein Aufsichtsrecht nicht zusteht. Der Vertrag sollte in 2 Monaten ratifiziert werden. Vorher gaben die vier Mächte am 23. Januar 1832 noch die Erklärung ab, daß die Bestimmungen jenes Vertrages „ne peuvent et ne doivent être entendues que sous la réserve de la souverainité pleine et entière de S. M. le Roi des Belges sur les forteresses indiquées". Die Ratifikation dieses Vertrages ist erfolgt[2]).

Dieser Vertrag hat aber niemals die für die Unterschrift des Königs (nach Art. 68 der belgischen Verfassung) erforderliche Zustimmung der belgischen Kammern gefunden. Er ist niemals dieser Gewalt vorgelegt worden. Ist er darum nicht für Belgien bindend? Kann aus der Unterlassung des Königs dem Auslande ein Nachteil erwachsen, wenn der Vertrag vom König unterzeichnet und vom zuständigen Minister gegengezeichnet ist? Die Antwort lautet Nein. Tatsächlich ist aber nach dem Zeugnisse Brialmonts (1851) auch von belgischer Seite niemals die Rechtsgültigkeit der Konvention bestritten worden[3]), nur mit Rücksicht auf die Schwierigkeiten der Lage des Königs usw. wurde die Ausführung hinausgeschoben. Hinausschieben der Ausführung, sie abhängig machen von der Billigung der Konvention durch die Kammern und endlich Hinausschieben eines dahin gehenden Antrages, das sind die Stufen der belgischen Politik gewesen.

Erst seit dem Jahre 1863 ist es bekannt, daß diesem Hauptvertrage über die Festungen (vom 14. Dezember 1831) eine Geheimklausel hinzugefügt wurde[4]). In ihr wurde der

---

[2]) „Elle a été ratifiée après l'échange des ratifications du traité du 15. novembre 1831. N o t h o m b, Essai historique et politique sur la Révolution belge. 4. éd. (1876) 1, 273 note 1 u. 285. Die belgische Ratifikation vom 17. Dezember 1831 ist gegengezeichnet vom damaligen Minister der auswärtigen Angelegenheiten, die preußische ist vom 8. April 1832. B r i a l m o n t 2, 345 f.

[3]) B r i a l m o n t 2, 288.

[4]) Wortlaut bei D e s c a m p s a. a. O. 282.

König der Belgier als Rechtsnachfolger des Königs der Niederlande in bezug auf die Rechte an den von den Großmächten erbauten Festungen anerkannt, in gleicher Weise aber auch der Lasten — wobei der genaue Hinweis auf die Aachener Abmachungen auf den belgischen Wunsch gestrichen wurde. Bei alledem wurden die Pflichten, die die ewige Neutralität dem Könige auferlegte, vorbehalten. Dann heißt es weiter:

En conséquence, dans le cas où, par malheur, la sûreté des forteresses, dont il est question, viendrait à être compromise, S. M. le Roi des Belges concertera avec les cours d'Autriche, de la Grande Bretagne, de Prusse et de Russie toutes les mesures que réclamera la conservation de ces forteresses, toujours sous la réserve de la neutralité de la Belgique.

Die Rechtsgültigkeit dieser Klausel ist von belgischer Seite zunächst schon deshalb angefochten worden, weil die Zustimmung des gesetzgebenden Körpers fehlt [5]). Von anderer Seite ist sehr lebhaft die Rechtsgültigkeit auch dieser Klausel verteidigt worden. Es ist aber von unserer Regierung nicht auf den Hauptvertrag oder die geheime Klausel zurückgegriffen worden. So möge diese Streitfrage unberührt bleiben. Es ist ja mein Grundsatz, keineswegs jede für Belgien ungünstige Auffassung zu vertreten.

---

[5]) Diese und andere Gründe bei Descamps a. a. O. 285. S. 402 sagt aber selbst Descamps: „On peut discuter sur le caractère obligatoire de cette convention pour le pays . . . . Mais il est difficile de méconnaitre que la participation de la Belgique à sa propre défense n'ait le caractère d'un concours attendu par les Puissances.“ Diese Mächte aber sind die gegen Frankreich geeinigten Mächte!

Die Auffassung Belgiens als Barrière gegen Frankreich wurde innerlich von den Belgiern nicht vertreten, sie sahen ihres Landes Pflicht darin, keinen Nachbarn gegen den anderen zu begünstigen, was eine wesentliche Verschiebung zugunsten Frankreichs herbeiführte.

Die kluge zurückhaltende Politik des ersten belgischen Königs, die ihm eine hochangesehene Stellung unter den Gekrönten Europas verschaffte, hat diese von ihm eingegangenen Verpflichtungen tatsächlich zurücktreten lassen. Die Frucht dieser allseitig neutralen Haltung war das Verschwinden der ursprünglichen Richtung des belgischen Verteidigungssystems gegen Frankreich. Diese schwere antifranzösische Servitut des belgischen Fortifikationswesens kam, wenn nicht rechtlich, was dahingestellt bleibt, so doch tatsächlich in Fortfall. Wie der Vorgänger des jetzigen belgischen Ministers der auswärtigen Angelegenheiten darüber denkt, zeigt die im Anhang mitgeteilte Rede klärlich.

Der Neutralitätsvertrag schränkte den Grenzzug, den bis dahin Frankreich zu verteidigen hatte, wenn der deutsche Bund und der ihm für die luxemburgischen Lande angehörende König der Niederlande in den Kampf gegen Frankreich einzutreten sich gezwungen sähen, auf fast die Hälfte ein. Frankreich, behütet durch die Neutralität der Schweiz und Belgiens, hatte von da an nur noch die Rheinlinie von Hüningen bis Lauterburg und die Landgrenze von da bis zum Belgischen zu beschützen. Bei dem beiderseitigen Zustand der Heere (Frankreich: Söldnerheer, deutscher Bund: gemischte, sehr ungleiche Streitkräfte) war der Zustand den militärischen Interessen entsprechend. Das Operationsgebiet war für die beiderseitigen Streitkräfte ausgedehnt genug. Als im Jahre 1867 die preußische Besatzung aus Luxemburg abzog und dieses Großherzogtum gleichfalls neutral erklärt wurde, schränkte sich die französisch-deutsche Front noch weiter ein. Freilich erwies sich die Schmalheit der Front für Frankreich als verderblich. Ohne ein neutrales Belgien hätte das französische Heer 1870 nicht so ausschließlich Front nach Osten nehmen dürfen, wie es geschah. So aber wurde Bazaine bei Metz und Mac Mahon bei Sedan behindert, sich, in der Richtung nach Nordwesten ausweichend, der Katastrophe zu entziehen.

Die Verträge von 1831 besserten Preußens Lage keineswegs, von da an war Preußens rheinische Flanke nur durch die sehr ungewisse Neutralität Belgiens gedeckt. Für Preußen war seit 1831 die Aufrechterhaltung der Neutralität Belgiens eine Voraussetzung. Frankreich behielt seinen Festungsgürtel bei, England ist durch das Meer geschützt, das weite Gebiet der Eifel und der nördlichen Vorlande entbehrte fortan seine Deckung.

Das belgische Festungssystem blieb zunächst erhalten, wenn auch der Verfall immer weiter um sich griff, so handelte man wenigstens einigermaßen dem Geheimartikel gemäß. Im Jahre 1848 taucht der erste Plan einer Befestigung von Antwerpen auf und damit wird die Aufgabe ganz anders gefaßt. Das überlieferte System war eine vorwiegend gegen Frankreich gerichtete Front, die den Bedürfnissen der Bundesgenossen von Waterloo gerecht zu werden suchte. Die Festungen umgaben in dreifacher Linie den Nordsaum Frankreichs, waren also zum Teil dem ersten Stoße ausgesetzt. Aber es kam völlig darauf an, ob Belgien sie gegen Frankreich ernsthaft zu verteidigen gewillt war. Clausewitz hatte ja recht, als er schon im August 1831 schrieb: „Haben die bel-

6*

gischen Provinzen eine politische Stellung, in der sie nicht ganz entschieden der antifranzösischen Partei angehören, so ist es tausendmal besser, wenn sie gar keine Festung haben [6]." Antwerpen aber ist nicht mehr eine Festung des ersten Mobilmachungstages, sondern eine Rückzugsfestung, sie richtet ihre Front dem Lande zu; denn gegen das Meer ist sie durch Holland, solange dieses selbst sich nicht feindlich stellt oder seine Neutralität aufrechterhalten kann, gesichert. Die Front von Antwerpen geht gegen Süden und gegen Osten!

1859, noch unter der Regierung König Leopolds I., begann die Schleifung einzelner Festungen, dafür wurde die Verteidigung des Landes in eine Reduitfestung konzentriert. Antwerpen war der natürliche Ort für einen solchen Platz, in den sich im äußersten Falle der Not Armee und Regierung zurückziehen und verteidigen könnten. Die Festung, nach den Plänen Brialmonts ausgeführt, war für seine Zeit ein Meisterwerk des Belgiers. Sein Ruhm ging durch alle Lande.

Die faktische militärische Lage war nun die: die alten vorhandenen Befestigungen (so in Lüttich und Namur) waren für einen Durchmarsch nicht mehr allzu ernsthafte Hindernisse, Belgien hatte aufgehört eine wirksame Sperre gegen Frankreich zu sein, es gab nur eine schwache Söldnerarmee, die im offenen Felde nicht allzuviel bedeutete, hinter den Forts von Antwerpen war aber die Regierung des Staates sicher geborgen. Belgien hatte also völlig alle Erinnerungen an die einstige Tendenz gegen Frankreich, die sein König und sein erster Minister unterschrieben hatten, aufgegeben, es war ein

---

[6]) Schwarz, Leben des Generals Carl von Clausewitz 2, 378 f.

Staat, dessen Festungssystem nur dem eigenen Nutzen diente, auf das Wohl der Großmächte war keine Rücksicht mehr genommen worden. Antwerpen hatte einen rein defensiven Charakter, da die Scheldemündung ja durch die Holländer gesperrt ist und Belgien keinerlei Kriegsschiffe besaß. Keine der Mächte hatte gegen die Veränderung des Systems Einspruch erhoben. Wiewohl die Interessen von Preußen-Deutschland dadurch ungünstig, die Frankreichs günstig beeinflußt wurden, ist das auch von preußischer Seite nicht geschehen.

Das Jahr 1887 brachte eine neue Festungsvorlage. Auf den Vorschlag von Brialmont wurde die ganze Maaslinie mit Festungswerken gesperrt. Die Fortsfestungen Lüttich und Namur wurden mit erheblichen Kosten errichtet und dazwischen das Panzerfort von Huy. Diese neuen Befestigungen sperrten vollständig die nächste Eisenbahnverbindung Paris-Köln. Brialmont war ein Festungsfanatiker von höchster Begabung, er baute aber für Belgien zu viele Festungswerke [7]).

Die Anlage dieser Maasbefestigungen hat für Belgiens Politik eine sehr schlimme Wirkung gehabt. Namur und Lüttich liegen so nahe der Grenze, daß dem Lande in der ersten Stunde eines zwischen Frankreich und Deutschland ausbrechenden Krieges nicht Zeit bleibt, ruhig abzuwarten und den Alliierten zu wählen, es mußte in der ersten Stunde — in Leidenschaft und Unklarheit wählen. Ja der Versucher hat

[7]) Er hatte noch nicht genug damit: ein verschanztes Lager von Beverloo, Befestigung von St. Trujen wurde von ihm vorgeschlagen. Das wäre der Anschluß von Antwerpen an Lüttich und auch diese Werke hätten ihre Front (durch die Niederlande) gegen Deutschland gerichtet.

sein Spiel schon gewonnen. Mephistopheles kommt und sagt: „Was wirst du warten? Im Frieden wirst du schon deinen Bräutigam wählen, der wird dir helfen.“ Und doch hat die Mutter Belgiens es verboten: die Neutralität, diese Grundbedingung des belgischen Staates. Der Diplomat wurde durch diesen Besitz von bis an die Grenze vorgeschobenen Festungen zugunsten des Militärs in den Hintergrund geschoben!

Ein neues Gesetz vom Januar 1906 dehnte den Festungsbezirk von Antwerpen erheblich aus und es begann der Bau jenes gewaltigen Fortsgürtels, um den im September so heiß gekämpft wurde.

Wollte Brialmont nur Belgiens Interessen dienen? War sein System ein neutrales? Ich glaube, die Antwort darf nur Nein lauten. Sehen wir uns ihren Charakter an. Die Linie der Maas läuft ja nicht parallel der deutsch-belgischen Grenze, aber tatsächlich sperrte sie dem deutschen Heere jedweden Eintritt in Belgien. Mit der Einnahme von Lüttich und Namur mußte im August diese Pforte erst gesprengt werden. Die Maaslinie deckt aber zugleich den linken Flügel des großen französischen Maasfestungssystems. Für England ist Antwerpen zur See nicht zu erreichen, Belgien aber baute für Handelszwecke den Hafen von Zeebrügge, der sich aber auch als englischer Landungsplatz eignet und als solcher bereits im Herbst 1914 gedient hat. Von Namur bis zum Meere, längs der französischen Grenze, ist die belgische dann völlig unbehütet. Hier stand den französischen und englischen Truppen das Land unbehütet offen. Das belgische Verteidigungssystem kennt gegen Frankreich nur eine Sperre in Namur.

Gegen England ist die gesamte Küste ohne jeden Schutz.

Nach allen Fronten hin hat Antwerpen eine gleiche Bedeutung und die gleiche Wirkung: Bedrohung der Flanke des eindringenden Feindes und Anlehnung für den Freund. Es dient zugleich in allen Fällen als Reduit.

Eine Festungsanlage bei Nieuport wäre ein gegen Frankreich und England gerichteter Ausgleich zugunsten des deutschen Reiches gewesen.

Es folgt mit aller Deutlichkeit, das Königreich Belgien, dessen erster König noch die Verpflichtung der Instandhaltung einer Barrière gegen Frankreich übernommen hatte, hat diese Tendenz nicht nur fallen gelassen, sondern hat sein System zugunsten von Frankreich und England eingerichtet. Schleicht sich da nicht der Verdacht ein, daß Brialmont, der Sohn eines napoleonischen Offiziers, nicht ausschließlich als neutraler Belgier gefühlt hat?

Die Entwicklung des Festungswesens bedingte auch die Heeresgröße. Es entsprach durchaus den Anschauungen aller Mächte, daß die Neutralität Belgiens eine bewaffnete sein sollte. Keine Regierung hat gegen eine Heeresvermehrung Einsprache erhoben. Immerhin blieb das Heer relativ schwach, 1845 wurde es auf 80 000 Mann festgestellt, 1853 auf 100 000, 1868 auf 100 000 und 30 000 Reserven. Zur allgemeinen Dienstpflicht überzugehen, trugen die Belgier Bedenken; man hielt die Nationalgarde für eine wertvolle Ergänzung. Die belgische Verfassung hat aus den Tagen der Julirevolution diese Institution beibehalten; eine üble Verlassenschaft; denn wie ein reguläres Heer das Volk der Lust, auf eigene Faust am Kampfe teilzunehmen, entwöhnt, so bildet eine Nationalgarde dazu den Anreiz. Der Nationalgardist ist an diesen Wechsel von bürgerlicher Kleidung und Uniform gewöhnt. Was aber hat Belgien schließlich durch diese halbmilitärische Einrichtung, die sie im Kriegsfalle auf 157 500 Mann berechnete, erreicht: nichts anderes als einen hartnäckigen Franktireurskrieg, in dem — wie es zu allen Zeiten und bei allen Völkern geschieht und geschehen wird — auch der unschuldige Bürger an seinem Leben wie an seinem Besitze Schaden leidet. Alle anderen Staaten hatten dieses gefährliche Spiel für große Kinder längst beseitigt, das belgische Volk hatte aber nicht die Kraft, es zu den historischen Erinnerungen zu legen.

Belgien besaß nun nach der Erweiterung Antwerpens so viele Forts, so viele Panzertürme, daß derselbe Mangel an Verteidigungsmannschaften eintrat, wie er im Jahre 1831 bestand. Mit der Kleinheit des Landes wächst das Bedürfnis der permanenten Sturmfreiheit einer Festung. Wenn Belgien Namur und Lüttich behaupten wollte, so war eine viel stärkere Besatzung erforderlich, um sofort die Armierungsarbeiten in möglichst vollständiger Weise durchzuführen. Die Kasematten schrien nach Garnison. Die Einführung einer (eingeschränkten) allgemeinen Dienstpflicht war schon aus diesem Grunde eine Notwendigkeit, sie wurde 1909 in den letzten Tagen König Leopolds II. beschlossen, 1913 noch erweitert.

Der noch immer bleibende Mangel an ausreichenden Verteidigungstruppen führte vielleicht unbewußt zu dem Gedanken, man wird im Falle eines Krieges dann von befreundeten Nachbarn schon Hilfe erhalten. Solche Gedanken mögen in weiten Kreisen naiver Natur sein und bleiben, für die verantwortungsvollen Militärs liegen die Dinge aber anders. Sie mußten wissen, daß diese Anleihe beim Auslande, soll sie wirksam werden, schon im Frieden vorbereitet werden muß. Das neutrale Belgien muß sich aber dem versagen. Die Überfülle der Verteidigungsplätze zwingt den Chef des Generalstabes und den Kriegsminister, daran zu denken, mit dem ausländischen Militär zu verhandeln. Der Minister der auswärtigen Angelegenheiten eines neutralen Staates hat aber die Pflicht, entweder das zu untersagen oder nur eine gleichzeitige Verständigung mit allen Nachbarn zuzulassen. Belgien hat es bekanntlich vorgezogen, mit England und wahrscheinlich auch mit Frankreich allein zu verhandeln, Deutschland auszuschließen. Im schroffsten Widerspruch zu seiner antifranzösischen Verpflichtung bereitete es sich vor für ein Bündnis, an dem Frankreich Teil habe. Hier liegt eine Schuld Belgiens vor, eine Tat, die die Neutralität Belgiens verletzte.

Es ist gar kein Zweifel, daß eine Neutralität nur auf dem gegenseitigen Vertrauen aller Nachbarn in die Gesinnungen des neutralen Staates beruht. Der Verfasser des verbreitetsten französischen Handbuches des Völkerrechtes Bonfils sagt daher von der Neutralität: „Sa charactéristique est d'être établie, bien plus dans l'intérêt des autres Etats que dans celui de l'Etat neutralisé. Les autres doivent pouvoir compter cette neutralité, elle ne dépend pas du bon plaisir du neutralisé [8]." Es darf der Generalstab eines neutralen Staates nicht dem einen Nachbarn seine Geheimnisse offen legen, dem anderen aber verschweigen; denn dadurch wird der Zweck der Neutralität vereitelt und der Geschädigte hat allen Grund, sich an dem Neutralen schadlos zu halten.

Doch zurück zur Festungsfrage!

---

[8]) Bonfils, Manuel de droit international public § 349.

Moltke hat vor langen Jahren es abgelehnt, über die Befestigungen sich amtlich zu äußern, das sei Belgiens eigene Angelegenheit [9]). Er hat dann später, um Rat gefragt, privatim dem Könige Leopold II. gegenüber sich entschieden gegen die Notwendigkeit dieser Festungsbauten ausgesprochen [10]). Die Belgier haben seinen Rat nicht gehört. Sie taten was ihnen beliebte. Frère-Orban, der Ministerpräsident vieler Jahre, sagte: „Wir errichten Festungen, wie sie uns passen, und schleifen diejenigen, die uns nicht passen, ohne uns durch pompöse Phrasen über unsere angeblichen internationalen Verpflichtungen beeinflussen zu lassen [11]).

Auch das belgische Eisenbahnwesen begünstigte Frankreich. Zwar hat André Weiss die Dreistigkeit, von unzähligen strategischen Eisenbahnlinien zu reden, die auf dem Erdboden die deutsche Bedrohung Belgiens eingezeichnet hätten. Gemach. Nach Belgien führen über die deutsche Grenze ganze vier Eisenbahnlinien; nimmt man das neutrale Luxemburg hinzu, so sind noch weitere fünf hinzuzuzählen. Zwischen Frankreich und Belgien vermitteln aber 22 Linien den Verkehr. Diese kecke Behauptung von Weiss übertrifft er aber noch, wenn er die belgische Nordgrenze als „complément dégarnie de forteresses" bezeichnet. Hat der gefeierte französische

---

[9]) Angeführt wurden diese Worte in der belgischen Kammer im März 1887. Descamps S. 409.

[10]) Jahrbücher für Armee und Marine 82, 197. Es war in den Tagen seines 90. Geburtstages bei der Anwesenheit des Königs der Belgier in Berlin.

[11]) Descamps S. 409.

Rechtslehrer, ein Mitglied des Instituts, denn nichts von der Belagerung von Maubeuge gehört [12])?

Belgien baute also sein gegen Deutschland gerichtetes System. Aber das System erwies sich als falsch. Belgien wollte das deutsche Heer an der äußersten Haut seiner Staatsgrenze durch seine Festungen hemmen. Das deutsche Heer durchstieß die Haut und drang sofort auf die Knochen des Staatsgefüges. Der Vergleich mit Verdun und Belfort zeigt die Tatsache in brutaler Nacktheit: Die Belgier spielten und spielen für die Franzosen die Prügelknaben. Der eiserne Wille eines nüchternen Verstandes, wie ihn Ludendorf und Beseler besitzen, warf die Gebilde eines heißblütigen genialen Phantasten, wie es Brialmont war, in einer Frist über den Haufen, die kein Festungstechniker je für möglich gehalten hatte.

Wäre Belgien mit einer Zentralfestung Antwerpen zufrieden gewesen, so würde der Krieg in 14 Tagen den belgischen Boden verlassen haben, in Antwerpen stände noch heute im neutralen Zustande ein starkes ungeschwächtes Heer, Belgiens Fluren und Belgiens Städte wären so gut wie völlig verschont geblieben, und die Zukunft des Landes wäre völlig sicher geborgen. So aber ließ der Staat der ersten von ihm selbst erfolgten Verletzung der Neutralität die Konsequenzen folgen, es kämpfte und kämpft für Frankreich und England und es trat ein, was schon vor 25 Jahren der belgische Major Girard prophezeit hat: „Belgien glaube an Alliierte und werde nur Herren haben; es glaube den ersten Angreifer einzuschüchtern

[12]) La violation de la neutralité belge et luxembourgeoise par l'Allemagne 24.

und werde nur sein Spielball sein; es glaube die erste Festung der Welt zu besitzen, dieselbe bilde jedoch eine Falle [13])."

Auch ein wahrhaft neutrales Belgien wäre sicherlich für einen Augenblick wieder Kriegstheater geworden. Darüber kann sich ein militärisch denkender Mann nicht im Zweifel sein. Der englische Leutnant Colonel Bridges hat ja 1912 dem belgischen General Jungbluth im Rückblick auf die vorangegangene Krisis nach dessen Aufzeichnung erklärt: „Le Gouvernement britannique, lors des derniers événements, aurait débarqué immédiatement chez nous (Belges), même si nous n'avions pas demandé de secours." Auch die Beweise, daß französische und englische Offiziere den belgischen Boden betreten haben, ehe Deutschland die Frage nach dem Durchmarsche stellte, erscheinen völlig schlüssig.

Durch künstliche Neutralisation war 1815—1831 die Front Frankreichs gegen den Rhein eingeschränkt, nach 1870 begann Frankreich diesen Zug auf das allerstärkste zu befestigen, an die Stelle der Söldner trat das französische Volksheer, das auf die äußerste Zahl gesteigert wurde. Für solche Massen war die Front zu schmal und auf beiden Seiten bestand die Raunnot. Auch diesen Fall hat der französische Staatsrechtslehrer Bonfils vorgesehen: „Si les territoires neutres étaient trop étendus, le contact de celles-ci (der nicht neutralen Staaten) sérait rendu tellement difficile, que la neutralité courrait le risque d'être méconnue et violée [13a])." Er verweist schon auf Belgien!

England hat den Einmarsch in Belgien mit dessen Regierung vorbereitet, es würde auch ohne Deutschlands Vor-

[13]) Jahrbücher für Heer und Marine 75, 86.

[13a]) a. a. O. § 351.

gehen die Neutralität Belgiens mißachtet haben. Es mag vielleicht ein paragraphierter Vertrag nicht bestehen, aber die Kunst Greys war die altenglische; man schafft sich tatsächliche Abhängigkeiten, man trifft mündliche Abreden und kann dann Verträge läugnen. Deutschland bot Belgien in seiner Raumnot, in dem Kampfe um seine Existenz, der ihm freventlich aufgezwungen war, zum Durchmarsch gezwungen, den vollen Schadensersatz. Belgien aber wies es ab. Das ist die nüchterne Wahrheit.

Wo liegt denn da die Untreue gegenüber dem großen Gute der belgischen Neutralität. Bei Belgien, das erweist die Umkehrung der Front des Befestigungssystemes.

Ein Belgier selbst hat die deutsche Besetzung schon vor 25 Jahren gerechtfertigt: „Sehr dringende Umstände können selbst die zeitweise Besetzung einer neutralen Festung, ihre Belegung mit Garnison, rechtfertigen, um sich gegen den Feind zu sichern oder um ihm in seinen Absichten auf denselben Platz zuvorzukommen, wenn dessen Heer nicht imstande ist, ihn zu schützen [14]. Derselbe Offizier prophezeite seinen Landsleuten: „Die Niederlage Deutschlands wird für Belgien die Verwandlung seiner Provinzen in Departements, der Ruin seiner großen Städte, besonders das Herabsteigen Brüssels von seinem Range als Hauptstadt, und die empfindlichste Schädigung Antwerpens in seinen Handelsbeziehungen mit Deutschland bedeuten [15].

---

[14]) Girard. Vgl. Jahrbücher für die deutsche Armee und Marine 75, 68.

[15]) a. a. O. 75, 70.

VI. Veränderung der belgischen Rechtsanschauungen über ihre Neutralität.

Die Neutralität ist ein völkerrechtlicher Vertrag zwischen den fünf damaligen Großmächten und Belgien. Eine authentische Auslegung seitens aller Paktanten hat nicht stattgefunden, ja nicht einmal auf seiten der einen Gruppe oder Belgiens. Wir befinden uns also nicht auf einem durchaus klaren Boden.

Wie haben nun die Belgier die Pflichten und Rechte der Neutralität aufgefaßt, hat eine Umbildung dieser Anschauungen stattgefunden?

Zunächst ist festzustellen, daß die meisten Redner des belgischen Nationalkonventes, als es sich um die Annahme des grundlegenden Vertrages handelte, die Neutralität in Grund und Boden verurteilten. „System der völligen Vernichtung der Unabhängigkeit Belgiens und ewige Einmischung der Großmächte" sagte der eine, „Völliger Verzicht auf jedes Recht zum Kriegführen, die Armee ist unnötig" ist die Meinung des zweiten. „Willkürherrschaft der Großmächte", „Helotentum", „Nullität in Politik und Handel", „Leoninische Gesellschaft zum besten der Großmächte", „Bastardregiment" sagen andere und der letzte der von Descamps aufgeführten Redner hat den höchsten Trumpf ausgespielt: „Hermaphroditen" [1])!

[1]) Descamps a. a. O. 193.

Die Verteidigung der Neutralität und ihres Nutzens führten alle, die in London an dem Werke beteiligt gewesen waren, nun selbstverständlich dadurch, daß sie die Bedeutung der Neutralität herausstrichen, einzelne indem sie übertrieben. Lebeau und Devaux traten für den Verteidigungskrieg im weitesten Umfange ein, weiter ging schon van de Weyer, indem er Anteil an einem Prinzipienkriege für zulässig erklärte, und Rogier las gar die Zulässigkeit eines Angriffskrieges aus den Paragraphen heraus. Aber mit Recht sagt Descamps über Rogiers Gedanken, sie seien von äußerster Kühnheit [2]).

Mit 126 gegen 70 Stimmen wurden die 18 Artikel am 9. Juli 1831 angenommen, und damit erhielten sie für Belgien die bindende Gewalt. Man wird wohl in der Annahme nicht fehlgehen, daß der Gesetzgeber die Defensivkriege für zulässig hielt.

An einem Angriffskriege oder Prinzipienkriege hat Belgien nicht Anteil genommen, die kluge Regierung Leopolds I. hütete sich vor allen Konflikten.

Wie blühte Belgien empor! Glückliches Land im Schutze der Nachbarn!

Die Auffassung der Neutralitätsrechte und Neutralitätspflichten hat sich, seitdem Belgien zu einem Volke von $7^1/_2$ Millionen herangewachsen war, seitdem König Leopold II. zunächst eine private Kolonie begründete und dann der neutrale Kongostaat in Belgien einverleibt wurde, seitdem die Friedensbestrebungen mit all ihren Illusionen stärkere Ausbreitung gewannen, erheblich verschoben. Der Geist der Belgier sieht

---

[2]) a. a. O. 201.

seine Kraft gewachsen, sieht die europäische Lage verändert und mehr als einer glaubt, Belgien werde besser dastehen, wenn es Bundesgenossen hat als Garanten seiner Neutralität. Diese demoralisiere das Volk, sei der Bürger nicht würdig. Das Vertrauen auf den Wert der Neutralität im Kriegsfalle ist gemindert und damit sinkt auch die Lust, sie ängstlich als das Palladium des Staates hochzuhalten. Die Unzuverlässigkeit aller Staatsverträge, die den Bedürfnissen ihres Ursprunges nicht mehr entsprechen, war auch den Belgiern nicht verborgen. Die Gruppierung der Kräfte im europäischen Staatenverbande war seit 1831 eine so wesentlich verschiedene geworden, daß dem 80 Jahre alten Verbürgungsakte die Kraft nicht mehr zugetraut wurde, daß er sich unbedingt durchsetzen werde. Das sind alles begreifliche Erscheinungen! Wer ihnen folgend die Neutralität als ein Nichts ansieht, darf aber auch nicht von den Garantiestaaten verlangen, daß sie das Nichts als eine Realität ansehen und danach handeln.

Es gibt aber keinen Akt, durch den die belgische Neutralität zweifellos aufgehoben ist und sehr viele Belgier und sehr viele andere betrachten sie als noch zu Recht bestehend. Mit den Anschauungen dieser Belgier haben wir es zu tun.

Drei Punkte stehen da im Vordergrunde des Interesses.

Die Frage, ob die belgische Neutralität — wie es durch die Verträge von 1870 bereits klar erwiesen sei — jeder Kraft beraubt sei, ist bereits früher als die Ansicht des belgischen Generalstabschefs Ducarne erwiesen worden[3]). Sie muß schon längst weiter in Belgien verbreitet gewesen sein. Descamps, der sie bekämpft, hat lebhaft geklagt: „Wir meinen,

---

[3]) Oben S. 75.

um dem Lande Klugheit zu raten, ist es in keiner Weise notwendig, Sätze auszusprechen, die jedes Recht und unsere internationale Lage umstürzen, und mit unseren eigenen Händen die Wichtigkeit und die Ehrlichkeit der Bürgschaften umzustürzen, die uns die Mächte gegeben haben [4])." Wer die Neutralität für erloschen ansieht, darf auch nicht mehr von dem Bruche der Neutralität reden.

Der zweite Punkt ist die Berechtigung zu Bündnissen. Von allen Seiten ist zunächst in der gelehrten Literatur eine fast vollständige Einigung darüber vorhanden, daß dem neutralen Staate alle Bündnisse untersagt sind, die eine Angriffsabsicht enthalten oder gegebenenfalls zu ihr führen können.

Das Völkerrecht ist der Tummelplatz gelehrter Konstruktionen, die in der Praxis unmöglich sind. Bei einem Volke, das von vornherein die Neutralität als eine Last ansah, ist es selbstverständlich, daß es geneigt ist, alle Lasten möglichst wegzudeuten und alle Freiheiten möglichst auszudehnen. Die Gelehrten haben es schon schwieriger und da sind die führenden belgischen Autoren einer Meinung: Arendt, Rivier, Nys, Descamps und Errera [5]). Alle sprechen Belgien das Recht zu, einseitige Verteidigungsbündnisse abzuschließen, wobei der neutrale Staat sich nicht zum Schutze des anderen Paktanten

---

[4]) a. a. O. S. 334.

[5]) Arendt, Essai sur la neutralité belge considerée principalement sous le point de vue du droit public (Bruxelles 1845) S. 93. Rivier, Principes du droit des gens (Paris 1896) 2, 60. Sein bedingtes Offensivbündnis ist im Grunde nichts als ein Defensivbündnis. Nys, Etudes 2, 144. Descamps a. a. O. S. 368. Errera, Paul, Das Staatsrecht des Königreichs Belgien (1909) S. 412.

verbürgen dürfe, wohl aber dieser zum Schutze Belgiens sich verpflichte. Es könne ja ein solcher Staat durch andere — handelspolitische usw. — Vorteile veranlaßt werden, sich auf das Bündnis einzulassen.

Die belgischen Regierungen — liberale und katholische — haben es aber stets unterlassen, durch solche Bündnisse das Neutralitätsrecht zu gefährden. Sie haben sich mit Recht gesagt, daß eine jede Allianz die übrigen Paktanten der Neutralität mit schweren Bedenken erfüllen müßte.

Belgien hat seinen Garantievertrag, es mag mit allen Garantiemächten zugleich noch einen Defensivvertrag eingehen. Aber es darf sich nicht an eine Bundesgenossenschaft anlehnen, die einen Garanten politisch bedroht! Jeder Defensivvertrag bringt auch unweigerlich den neutralen Staat unter ein Protektoratverhältnis. Es gilt für Belgien die Pflicht, dieses im Interesse Europas zu vermeiden. Somit kann Belgien nur im Falle einer wirklich erfolgten Neutralitätsverletzung eine Allianz abschließen.

Der frühere Minister der auswärtigen Angelegenheiten de Favereau hat 1909 diese Lehre so ausgesprochen: „La neutralité prive notre pays d'un droit précieux, surtout pour un Etat faible: celui de chercher des appuis au dehors, de créer des liens particuliers avec d'autres Etats, dans des circonstances déterminées, à l'avantage récriproque des deux parties.“ Diese Lehre will, daß die neutralen Staaten die Stunde der Not erwarten und dafür militärisch, aber nicht allianzmäßig sich vorbereiten. Auch der junge Brialmont hat sie vertreten [5a].

[5a]) a. a. O. 1, 277.

Die belgische Bevölkerung hat 1830 die Verbindung mit Holland abgeschüttelt, sie ist durch die Neutralität gesichert worden. Das steigende Selbstgefühl der Belgier hat aber manche auf den Irrweg geführt, es sei ihnen nunmehr möglich, mit dem Königreich der Niederlande in ein neues Bündnisverhältnis zu treten. Bis auf weite Strecken wird man solche Wünsche erklärlich finden, aber in ihnen traten deutlich antideutsche Tendenzen zutage. Der belgische Advokat Cressonnières arbeitete einem holländisch-belgischen Schutz- und Trutzbündnisse vor, das gegen Deutschland gerichtet ist. Es ist doch eine starke Verirrung neutraler Politik, den neutralen Staat zum Angriffsflügel ausbilden und noch durch einen nichtneutralen erweitern zu wollen [6])!

Auf die Auffassung der Unkündbarkeit des Neutralitätsvertrages hat unzweifelhaft die Parallele der Schweiz eingewirkt. Wenn es aber — das einmal zugegeben — für die Schweiz rechtlich möglich wäre, die Neutralität eines Tages aufzukündigen, so würde das für Belgien nicht zutreffen [7]); denn bei der Schweiz entwickelte sich die international verbürgte Neutralität aus einem seit lange geübten Grundsatze der Politik, Belgien aber wurde — wie wir gesehen haben — die Neutralität aufgezwungen, und zwar in einer Stunde, da ein ohnmächtiger entstehender Staat unter den Schutz ge-

[6]) Vgl. de Cressonnières, La neutralité de Belgique et le droit d'alliance. Revue de droit international 39 (1907) und gegen ihn Siegfried Richter, Die Neutralisation der Staaten. Greifswalder Inaug.-Diss. 1913. S. 133.

[7]) Hilty, Die Neutralität der Schweiz in ihrer heutigen Auffassung (1889) 69. Dem ist sofort Rettich im Archiv f. öffentl. Recht 5, 117 entgegengetreten.

7*

nommen wurde. Der englische Völkerrechtslehrer Westlake[8]) hat unzweifelhaft darin recht, daß kein Staat auf die festgelegte Neutralität verzichten kann. Die Neutralität ist für den Neutralisierten wie für den Garanten eine der wesentlichsten Bedingungen der Sicherheit seines Daseins. Diesen Vertrag einseitig beseitigen, heißt dem anderen den schweren Schaden zufügen, gegen den er sich gerade hat sichern wollen.

Die permanente Neutralisation ist ein juristisches Institut, das seinen zeitlichen Zweck nur dadurch erreichen kann, daß es eben unzeitlich ist. Sie sucht die Gunst und die Gefahr der Stunde aufzuheben, weil man eine dauernde Sicherheit für wertvoller erklärt.

Der Schweizer Hilty meint, der Staat, welcher aus der ewigen Neutralität heraustreten wolle, muß eine solche Erklärung zeitig, in Friedenszeiten abgeben, mit anderen Worten aufkündigen. „Das erfordert die politische Redlichkeit und Aufrichtigkeit, die auch im völkerrechtlichen Verkehr unentbehrlich ist.“ „Eine Aufkündigung Belgiens oder Luxemburgs würde vielleicht überhaupt nicht geduldet werden[9]).“

Für den belgischen Juristen Ernest Nys, dessen wir schon oben gedachten[10]), liegen die Dinge anders. Er meint, daß die Kündigung erfolgen könne von dem Neutralen wie von den Garanten. Seine Gründe? Es sei Grundsatz, daß die Souveränität und Unabhängigkeit der Neutralität vorangehen. Auch müsse die Zustimmung zur Neutralität durchaus freiwillig usw.

---

[8]) Notes sur la neutralité permanente. Revue de droit international 2. série t. 3. p. 393 f. Ihm stimmt Descamps a. a. O. 311 f. zu.

[9]) a. a. O. 69 f.

[10]) S. 67 ff.

gewesen sein [11]). Er wendet die Gedanken des Zivilrechtes auf das internationale an.

Für Nys versinkt das völkerrechtliche Moment vor dem staatsrechtlichen, Europa vor Belgien. Für ihn ist es kein doppelseitiger Vertrag, der Interessen von zwei Parteien schützt und Rechte, wohlverstanden Rechte, von zwei Parteien sichert. Die Dauer eines solchen Vertrages kann nicht von dem neutralisierten Staate abhängen und am allerwenigsten kann sie von heute auf morgen beseitigt werden [12]).

Nys fand Beifall bei einem Manne, dessen amtliche und außeramtliche Tätigkeit von weiten Kreisen der Welt bewundert wurde, der Ratgeber vieler Regierungen war, den die belgische Akademie der Wissenschaften zu ihrem Präsidenten erkor, und der doch seinem Heimatlande vielleicht weit mehr geschadet hat als genützt: General Brialmont.

Brialmont schrieb am 18. Nov. 1900 an Nys:

„Vous soutenez avec raison: . . . .

3. Que l'Etat neutre peut renoncer à la neutralité permanente et que les Etats garants ne le peuvent que par une décision prise en commun;

4. Que l'Etat neutre peut, en vertu de son droit de renoncer à la neutralité, déclarer la guerre à un Etat européen, s'il fait cette guerre pour son propre compte et non pour un tiers.

Au sujet de 3e, je ferai les remarques suivantes: Les puissances garantes ne nous permettraient pas, je pense, de renoncer à la neutralité qu'elles nous ont „imposée" en vertu du droit qu'elles se sont arrogé de diriger le monde entier.

---

11) Revue de droit internat. 2. série t. 3. p. 19.

12) Richter S. 228.

Si nous cessions d'être neutres, nous pourrions éviter les conséquences désastreuses qu'aurait, pour notre indépendance et l'intégrité de notre territoire, l'obligation de combattre le premier belligérant qui franchirait nos frontières, si ce belligérant était celui auquel nous eussions eu le plus grand intérêt à ouvrir nos portes et à faciliter les opérations militaires si nous avions conclu avec lui une alliance en temps de paix. Or, cette alliance nous est interdite, ... [12a])."

Wenn also Belgien den Staat A zu fördern gewillt ist, so kann Belgien diesem Staate A, auch wenn er zuerst die Grenze verletzt, doch die belgische Hilfe zuwenden, er müßte nur schnell seine Neutralität gekündigt haben. Hier ist von der Hiltyschen Anstandsfrist keine Rede mehr, sondern in währendem Kampfe der Nachbarn kann Belgien seiner Neutralität entsagen, sich mit dem verbünden, der die Neutralität gebrochen hat, nur weil er den Belgiern sympathischer ist.

Heißt das nicht, den Belgiern das Privileg geben zu einem Hinterhalte, zu einer völligen Überraschung eines Nachbarn, der sorgsam alle seine Pflichten gegenüber Belgien erfüllt hat, aber selbst für sich auf die Garantie der Neutralität nicht verzichten darf. Die Großmächte dürfen nicht die belgische Grenze überschreiten, aber das belgische Heer darf in einem Hinterhalte warten und dann nach schnell erfolgter Kündigung der Neutralität dem gerechten Nachbarn den Stoß geben zugunsten des ungerechten. Die einfache ruhige Überlegung sagt jedem, daß bei einer solchen Auffassung Belgien eine Ge-

---

[12a]) Revue de droit international 2. sér. t. 3, 48. Brialmont hat also die Anschauungen seiner jüngeren Jahre aufgegeben. Vgl. oben S. 98.

fahr wäre für jeden seiner Nachbarn, der eingelullt durch die Neutralität sich vertrauensvoll gegenüber Belgien verhielte, eine Gefahr für die Ruhe und Sicherheit Europas.

Würde die belgische Regierung eine solche Auffassung vertreten haben, so hätte sie unmittelbar eine europäische Krisis hervorgerufen. Europa müßte dann die Antwort geben: das an kritischer Stelle Europas gelegene Belgien verdient nicht den Vorzug eines Verbotes, daß andere es angreifen, weil es für sich das Recht eines unvermuteten Angriffs in Anspruch nimmt.

Die belgische Regierung hat freilich diesen Standpunkt nie vertreten, aber der General Brialmont ist doch die militärpolitische Kapazität Belgiens gewesen und Nys einer der ersten Staatsrechtslehrer des Landes. Was solche Männer sagen, verweht nicht, sondern keimt in den Herzen auf!

Nicht die Meinungen der gelehrten Herren Staatsrechtslehrer, der Doktordissertationen sind es, die in der entscheidenden Stunde der Staatsmann, der Parlamentarier, der Offizier befragt, ihn lenken vielmehr Auffassungen, die sich von autoritären Männern der Praxis aus verbreitet haben. Darum ist Brialmonts Meinung so bedeutend. Der heißblütige Wallone gehörte zu den ärgsten Franzosenfreunden unter den Belgiern. Im belgischen Heere dominierten durchaus Freunde des Anschlusses an Frankreich. Sie haben schließlich — so scheint es — auch im Ministerium der auswärtigen Angelegenheiten gesiegt! Zum Unheil für Belgien!

Brialmont war der überragende Soldat seiner Heimat. Was Wunder, wenn die völkerrechtliche Lehre dieses Mannes, die aus der Neutralität Belgiens eine scharfe und gefährliche

Waffe Belgiens machte, im belgischen Offizierkorps, im belgischen Kriegsministerium weiter wirken.

Was in England über den Wert der Neutralitätsverträge Gladstone urteilte, ist schon oben gesagt. Es sei noch ein Wort keines Geringeren als Lord Palmerston angeführt. Als er die Neutralisierung der Donaufürstentümer bekämpfte, sagte er: „Es ist wahr, daß Verträge die Neutralität Belgiens und der Schweiz festgestellt haben. Aber ich bin nicht geneigt, derartigen Verpflichtungen große Bedeutung beizumessen. Die Weltgeschichte zeigt, daß, wenn ein Streit sich erhebt, und eine kriegsführende Nation es für nützlich hält, ihre Armee durch ein neutrales Gebiet durchmarschieren zu lassen, Neutralitätserklärungen nicht allzu ängstlich beachtet zu werden pflegen."

Der Genuß des Privilegs der Neutralität hat Belgien nicht allein die völkerrechtlich unabweislichen Folgen auferlegt, es ist sehr mit Recht von der schweizerischen Publizistik ausgeführt worden, daß eine moralische Unparteilichkeit die Folge der Neutralität sein müsse: Die neutrale Haltung des Wortes, der Feder, der Zeichnung. Das hat Belgien seit langen Jahren vergessen. Wir sind am Rheine den Belgiern nahe genug, um das zu wissen.

Was jedoch auf dem Kriegsministerium seit mindestens 1906 geschehen ist, liegt nicht nur nicht im Bereiche der moralischen Neutralität, sondern fällt weit auch jenseits des Begriffes der völkerrechtlich bindenden Konsequenzen der garantierten Neutralität. Englische Militärbevollmächtigte verhandeln mit belgischen Dienststellen über eine englische Landung, über englische Kriegführung gegen Deutschland auf dem Boden Belgiens. Die Inhaber des internationalen Salvaguardiabriefes verhandeln insgeheim mit dem einen der Aussteller, dem sie die Winkel ihrer Geheimnisse anvertrauen, sie überlegen mit ihm, wie man den anderen Aussteller, den England nächstens mit Krieg überziehen will, möglichsten Schaden bereiten, ihn durch das Salvaguardiagebiet an ungeschützter Stelle überfallen kann!

Die völkerrechtliche Pflicht, die aus seiner Neutralität hervorwächst, wäre es gewesen, nicht nur England und Frankreich zu verständigen, sondern auch den Nachbar Deutschland.

Es hat belgische Diplomaten gegeben, die innerhalb der durch die Neutralität gestellten Verpflichtung verharrend das heimische Ministerium vor einer einseitigen Bindung warnten, Baron Greindl, belgischer Gesandter in Berlin, hat diesen Standpunkt in seinem Berichte vom 23. Dezember 1911 mit Eifer vertreten. Die Politik dieses Diplomaten wird unzweifelhaft von der späteren Geschichtsschreibung als die ehrenhafte und gesunde, der Belgien hätte folgen sollen, bezeichnet werden.

Die „Conventions anglo-belges", die Abmachungen zwischen dem belgischen Generalstabschef Ducarne und dem englischen Militärbevollmächtigten Oberstleutnant Barnardiston vom 10. April 1906 haben ja nicht sofort zu einem förmlichen Vertrage geführt. Dem Versucher England war es nicht unbekannt, daß die Neutralität Belgiens einen derartigen Vertrag verbiete; eine Militärkonvention hätte auch ohne die Kammern nicht abgeschlossen werden dürfen, was allerdings die Welt allarmiert hätte. Ist es aber da nicht zunächst genügend, wenn der Generalstabschef der belgischen Armee dem Engländer seine Meinung, seine Gesinnung bekundet? Bindet das nicht moralisch? Wie viele Abmachungen von weltgeschichtlichen Folgen sind in solch lockerer Form geschlossen worden, weil die offizielle zu bedenklich erschien?

Der belgische Kriegsminister hat über diese heimtückischen Vorgänge einen Bericht erhalten — unsere deutsche Regierung hat ihn in Faksimile veröffentlicht —, auch der belgische Minister der auswärtigen Angelegenheiten, Baron Favereau, sollte, wie aus dem Faksimile hervorgeht, von den Verhandlungen Kenntnis erhalten.

Es ist bisher nicht auf eine Rede aufmerksam gemacht worden, die der aus seinem Amte im April 1907 ausgeschiedene Minister der auswärtigen Angelegenheiten Baron de Favereau, jetzt Präsident des belgischen Senates und Staatsminister, bei Gelegenheit des Militärgesetzes am 8. Dezember 1909 in dem belgischen Senate gehalten hat. Über sie gibt eine Korrespondenz der Neuen preußischen (Kreuz-) Zeitung vom 11. Dezember 1909 (Nr. 580) Auskunft. Es heißt:

„Diese Rede ist deshalb von Wichtigkeit, weil sie zunächst alle bisher in weiten Kreisen verbreiteten Theorien über die staatsrechtliche Stellung Belgiens als unrichtig bezeichnet.

„So stellte Herr de Favereau fest, daß der Neutralitätsvertrag Belgien nicht eine Begünstigung, sondern eine Belastung verschafft. Denn er verbietet ihm jede Allianz mit einem anderen Staate, legt aber den Großmächten keineswegs, wie man bisher allgemein annahm, die Verpflichtung auf, Belgien im Falle eines fremden Angriffes zu schützen. Die Großmächte haben sich im Neutralitätsvertrag allerdings ausdrücklich das Recht der Intervention für den Fall vorbehalten, daß Belgiens Selbständigkeit oder Neutralität bedroht würde. Aber eine Pflicht, von diesem Rechte Gebrauch zu machen, spricht der Neutralitätsvertrag nicht aus. Der ehemalige Minister des Äußern schließt daraus, daß die Großmächte die Unabhängigkeit Belgiens mit ihrer Heeresmacht nur dann verteidigen werden, wenn sie ein Interesse daran haben. Im Jahre 1870, so fährt Herr de Favereau fort, hätte England ganz gewiß das Eindringen französischer Truppen in Belgien verhindert, weil es sein Interesse so erforderte und weil damals zwischen Frankreich und England kein Bündnisverhältnis bestand. Dies hat sich jetzt geändert. Frankreich und England haben die Entente geschlossen, und sollte sich ein deutsch-französischer Krieg wiederholen, so wäre es mehr als zweifelhaft, ob England sich entschließen würde, dem, wenn nicht förmlich verbündeten, so doch eng befreundeten Frankreich in die Arme zu fallen, falls dieses es für ersprießlich halten sollte, seine Truppen durch belgisches Gebiet marschieren zu lassen. Daß in einem derartigen Falle Belgien aber von einer anderen Seite als England Hilfe gebracht werden könnte, wird selbst der größte Optimist nicht behaupten können. Der ehemalige Minister des Äußern machte die weitere Enthüllung, daß ihm während seiner Amtsführung Dokumente zu Gesicht kamen, die in zweifelloser Weise beweisen, daß Belgien im Falle eines deutsch-französischen Krieges diesmal nicht auf die Hilfe Englands, sondern ausschließlich auf die eigene Kraft rechnen könne, und deshalb bilden die militärischen Rüstungen Belgiens, das neue Militärgesetz und die Befestigung der wichtigsten Positionen eine absolute Notwendigkeit für den belgischen Staat. Herr de Favereau fügte hinzu, daß selbst die eingefleischten Antimilitaristen sich zu seinen Theorien bekennen müßten, falls es ihm gestattet wäre, jene Dokumente zu verlesen, die zufolge ihrer Natur als diplomatische Aktenstücke geheim gehalten werden müssen. Der Redner zog schließlich aus seinen Ausführungen noch den Schluß, daß der ganze Neutralitätsvertrag für Belgien völlig wertlos geworden sei, und daß dieses Land ein Interesse daran habe, von den Fesseln eines Vertrages befreit zu werden, der ihm tatsächlich keinerlei Schutz gewährt, aber seine Handlungsfreiheit beeinträchtige. Bestände der Neutralitätsvertrag nicht, so könnte Belgien in einer regelrechten Allianz mit einer starken Großmacht die Bürgschaft finden, die ihm der Neutralitätsvertrag nicht gewährt, jene Bürgschaft, die sich die Großmächte untereinander durch ihre Allianzen verschaffen. Herr de Favereau ist fest überzeugt, daß Belgien, falls es einmal gezwungen sein sollte, seine Armee zur Landesverteidigung ins Feld zu schicken, die Gelegenheit nicht vorübergehen lassen werde, den veralteten und unwirksamen Neutralitätsvertrag von sich abzuschütteln und ohne Rücksicht auf diesen diejenige Allianz zu schließen, die seinen Interessen nützlich erscheine.

„Was Herr de Favereau damit meint, ist unschwer zu erraten."

Dieses Dokument ersten Ranges ist von der Indépendance belge, die längst den Spottnamen Dépendance française führt, nur verstümmelt den liberalen Lesern vorgelegt worden, daß sich niemand von dem Ernste der Worte und der Gründe einen vollen Eindruck machen konnte. Ich gebe diesen Bericht in der Anmerkung [13]).

---

[13]) M. de Favereau ouvre le feu de la discussion.

Étant donné que M. de Favereau a été pendant longtemps ministre des affaires étrangères et que par là il doit savoir bien des choses, son discours ne pouvait manquer de quelque intérêt.

Immerhin hatte die Rede großes Aufsehen gemacht. Es gab Leute, die verwischen wollten, was gerade unmittelbar geschehen war und gegen England Zeugnis ablegte, mit wunderbarem Geschicke schob man an die Stelle dieser jungen Aktenstücke angebliche altehrwürdige Dokumente einer längst vergangenen Zeit und so brachte die Frankfurter Zeitung folgende Depesche ihres Brüsseler Korrespondenten vom 14. Dez. 1909:

En effet, dès l'abord, l'orateur constate que tous ceux qui combattent le projet sur la milice pêchent par trois points: confiance excessive dans la vertu des traités; ignorance de la portée veritable de la neutralité belge; ignorance . . . illimitée de la véritable situation internationale de l'Europe.

En effet, la neutralité belge n'est pas, comme on le croit, une faveur, mais c'est aussi une charge que l'Europe a imposée à la Belgique, puis qu'elle nous empêche de rechercher des alliances et des appuis. Or, la neutralité belge nous force à défendre notre territoire: il faut que nous soyons prêts . . .

L'ancien ministre a longuement insisté sur les avantages que la Belgique a retirés de la neutralité.

Il rappelle qu'en 1870, lors de la déclaration de guerre franco-allemande, les ministres de Belgique à Paris et à Berlin furent interpellés au sujet des moyens que possédait le gouvernement belge de défendre ses frontières. La réponse fut peremptoire, alors. Aujourd'hui dans un cas analogue, notre territoire ne serait respecté que si nous avions une armée forte et disciplinée.

M. de Favereau a signalé que la Belgique s'endort dans une fausse sécurité. Sans doute, l'Angleterre, qui nous a aidée il y a 40 ans, refuserait de laisser prendre Anvers si, nous autres, Belges, ne pouvons garder notre grand port. Mais quelle solution s'offrirait alors et, en cas de conflit de nos voisins, que resterait-il de notre neutralité? Je n'ai pas la prétention de répondre à ces questions, mais il faut qu'une nation, maîtresse de ses déstinées les résolve dans le calme avant qu'une solution lui soit imposée par les événements (Très bien!).

„Während der Verhandlung der Militärfrage im Senat hat der frühere Minister des Äußern de Favereau, um für die Votierung des Gesetzes den Senat zu gewinnen, eine Rede gehalten, die eine gewisse Beunruhigung hervorrief, weil er darin behauptete, während seiner Ministerzeit Dokumente in der Hand gehabt zu haben, die beweisen, daß eine kritische Lage bestanden habe und daß die Verträge zwischen Völkern im gegebenen Falle mißachtet werden würden. Nach mir zugehenden Informationen hat der Minister diese Mitteilungen aus den geheimen Dokumenten des verstorbenen Generaldirektors des Ministers des Äußern Emil Banning [13a]) geschöpft,

---

M. de Favereau a fait à grands traits l'historique de la question militaire depuis une dixaine d'années, depuis l'armement d'Anvers et de la Meuse, la loi de 1902 si imparfaite, jusqu'à la loi Hellebaut-Schollaert, dont il a fait un grand éloge, et il a felicité le gouvernement de supprimer le remplacement. L'orateur votera le projet.

Parlant de la durée de service, M. de Favereau cite les exemples de la Suisse et de la Suède, où la durée de service a été augmentée récemment. On ne peut former un soldat en quelques mois, et le service général à court terme se trouvera toujours en présence de l'opposition de tous nos officiers.

„Je supplie mes amis de la droite de voter le projet, a dit M. de Favereau. Mieux instruits des dangers qui peuvent nous menacer, ils verront là l'accomplissement d'un devoir patriotique. En terminant, je tiens à saluer le chef du cabinet qui poursuit, en dépit des injures, la tâche que s'est assignée sa patriotique sollicitude."

Le discours de M. de Favereau a été très attentivement écouté et a produit une forte impression. La péroraison en a été saluée par des applaudissements discrets qui au Sénat, indiquent un degré inaccontumé d'enthousiasme.

[13a]) E. Banning schied 1898 aus dem Amte des Direktors der Archive des Ministeriums der auswärtigen Angelegenheiten aus.

die jedoch 15—20 Jahre zurückliegen und die sich möglicherweise vielleicht auch auf die Schnäbele-Affäre bezogen haben. Vergeblich fragt man sich, warum de Favereau, der die Dokumente seines Mitarbeiters kannte und für Belgien fürchten mußte, niemals vorher seinem Ministerkollegen hiervon Kenntnis gegeben hat. Die Rede de Favereaus wird als deplaziert betrachtet und ihre Mitteilungen für übertrieben erklärt[13b]."

Heute — nach der Veröffentlichung der Conventions anglo-belges wissen wir, wie wenig deplaziert und wie wenig übertrieben die Rede war. Sie war in ernster Stunde eine getreue Warnung des langjährigen Leiters der auswärtigen Angelegenheiten Belgiens. Was trug der Präsident des Senates als die Summe der Erfahrung seiner amtlichen Tätigkeit vor:

Einen Rechtssatz: Belgien darf keinerlei Allianzen abschließen.

Einen Bericht über Tatsachen: Es existieren Dokumente über Verhandlungen, aus denen sich ergab, daß das neutral bleibende Belgien nicht mehr auf die Hilfe Englands rechnen dürfe, wenn es gegen Deutschland gehe.

Zwei Urteile: 1. Der Neutralitätsvertrag ist für Belgien völlig wertlos, er ist für Belgien eine Fessel.

2. England wird Frankreich in einem Kriege gegen Deutschland nicht in den Arm fallen.

Zwei Richtlinien: 1. Belgien muß sich frei machen von der Neutralität,

---

[13b]) Über die Rede Favereaus berichtet auch die Post Nr. 586 vom 15. Dez. 1909, ohne Neues beizubringen. Den offiziellen Text bringt der Anhang.

2. Belgien muß sich auf eine benachbarte Großmacht stützen.

Der Minister de Favereau scheint — so muß man wenigstens nach diesen Auszügen seiner Rede und den bis jetzt bekannt gewordenen Äußerungen urteilen — den Verhandlungen des Kriegsministeriums Widerstand geleistet haben. Er schied aus dem Amte. Von seiner Erfahrung machte er aber in der Militärgesetzdebatte Gebrauch und entschied dadurch im Senate die Annahme des Gesetzes.

Der Ministerpräsident de Brocqueville (seit 13. Juli 1911) und der Generalstabschef Jungbluth (1910—12), einst Erzieher des jetzigen Königs, seit der Thronbesteigung sein Generaladjutant und Chef des militärischen Staates, haben Belgien auf dem Wege der Neutralitätsverletzung weiter geführt [14]). Unter die amtliche Tätigkeit dieser beiden Männer sowie des Ministers der auswärtigen Angelegenheiten Davignon, der Favereau folgte, fallen die Verhandlungen vom 23. April (1912). Oberstleutnant Bridges vertrat England, Jungbluth Belgien. In diesen Verhandlungen stehen ausdrücklich die Sätze:

„Le Gouvernement britannique, lors des derniers évènements, aurait débarqué immédiatement ches nous (Belges), même si nous n'avions pas demandé de secours.

Le Général a objecté qu'il faudrait pour cela notre consentement.

---

[14]) Für die Gesinnung dieses Generals ist es bezeichnend, daß er, als am Abend der Abreise des deutschen Kaisers von Brüssel im Jahre 1910 der belgische König die Uniform seines preußischen Regimentes angelegt hatte, er die belgischen und auswärtigen Journalisten bat, davon keine Mitteilung in die Presse gelangen zu lassen.

L'Attaché militaire a répondu qu'il le savait, mais que comme nous n'étions pas à même d'empêcher les Allemands de passer chez nous, l'Angleterre aurait débarqué ses troupes en Belgique en tout état de cause."

Diese Zeugnisse erhärten, daß England unter allen Umständen zur Landung, d. h. zur Verletzung der von ihm verbürgten Neutralität bereit war. Es müsse Preußen zuvorkommen. Gleichwohl hat Belgien — unter offenbarer Verletzung der Neutralitätspflichten — fortgefahren, mit England über gemeinsames kriegerisches Handeln gegen Deutschland zu verhandeln, ja den englischen Einfall auf belgischer Seite vorzubereiten. Mitteilungen von diesen Absichten Englands sind der deutschen Regierung nicht gemacht worden. Es handelt sich um ein Komplott des neutralen Staates mit einem der Garanten gegen den anderen! Die pflichtmäßige Zurückhaltung der belgischen Behörden gegenüber England ward aufgegeben. Die Beweise sind der Welt zum Teil in Faksimiles vorgelegt worden.

Ein höchst geschickter Verteidiger der Haltung Belgiens hat sein Heimatland von jedem Verdachte der Verletzung der Neutralitätspflichten reinwaschen wollen und er findet auch den Verkehr der Generalstabschefs mit den englischen Militärbevollmächtigten ganz in der Ordnung.

Prüfen wir in Kürze seine Argumentation.

Zunächst erleichtert er sich den Beweis dadurch, daß er aus den Aufzeichnungen etwas fortläßt. Die Aufzeichnung vom 10. April 1906 trägt außen die Aufschrift: „Conventions anglo-belges". Das heißt doch „englisch-belgische Abmachungen"? Wenn die Aufschrift nicht von der Hand des Schreibers des Textes selbst herrühren sollte, so beweist sie aber, daß andere belgische Militärs dieses Aktenstück als „Conventions" ansahen. Waxweiler druckt im Anhange den ganzen Text ab, nicht aber diese dienstliche Aufschrift[15]). Seinen Landsleuten und den Neutralen wird also etwas sehr Wesentliches vorenthalten.

Nicht genug damit. In der zweiten Aufzeichnung vom 23. April (1912?) steht zu lesen: „L'Attaché militaire a répondu qu'il le savait, mais que comme nous n'étions pas à même d'empêcher les Allemandes de passer chez nous l'Angleterre aurait débarqué ses troupes en Belgique en tout état de cause." Davon bringt Waxweiler nur folgenden Satz: „Ja," anwortete der Attaché, „aber sie (die Belgier) würden nicht imstande sein, die Deutschen abzuhalten, durch unser Land (Belgien) zu marschieren[16])." Es kommt also gar nicht zum Ausdruck, daß England, sobald es annahm, Deutschland könne in Belgien einmarschieren, seinerseits unter allen Uumständen einmarschiert wäre. Auf die Vermutung sollte die Tat als Antwort folgen.

Was gibt es Deutlicheres als die Tatsache: England erklärt, es würde einmarschieren unter allen Umständen, weil Belgien ihm zu schwach erscheint, sich selbst zu schützen? Wenn man freilich diesen Satzteil nicht mitteilt,

---

[15]) Waxweiler, Hat Belgien sein Schicksal verschuldet? (Deutsche Ausgabe. Zürich.) S. 253—60. Auch im Texte S. 155—160 ist die Überschrift hübsch verschwiegen.

[16]) a. a. O. S. 162.

so wird der Sinn anders; dann erscheint es nicht, was sonnenklar der Kern des Gedankens ist. „England wird sofort einmarschieren, wenn es glaubt, daß Preußen einmarschieren werde.“

Herr Waxweiler verteidigt nun aber England mit folgenden Gründen. „Jede Garantiemacht hat nicht nur das Recht, sondern die Pflicht, eine verletzte Neutralität zu verteidigen, nicht erst auf Aufforderung des neutralisierten Staates, sondern auch aus Selbstanwendung gegen dessen Willen [17].“

Es ist für Waxweiler nichts „Erstaunliches“, „daß 1912 England sogar gegen den Willen Belgiens Truppen landen wird“. Es erfüllt seine Pflicht gegen sich, indem es einrückt.

Aber 1914 darf Deutschland dasselbe nicht tun. Es muß den Verdacht, daß Frankreich durch Belgien einfällt, ignorieren. Der von seiner Seite erfolgte Einmarsch ist dann nicht eine Pflicht gegen sich, sondern das ist ein Verbrechen an der Menschheit!

Es ist in diesem Kriege das Merkwürdigste, wie viele die einfachste Logik verläßt, sobald es sich um Deutschland und sein Tun handelt.

1912 hat die verantwortliche englische Militärpersönlichkeit glatt und klar erklärt, England wäre unter allen Umständen in Belgien einmarschiert. Darüber ergrimmen die Belgier nicht, ihr Generalstabschef verhandelt ruhig weiter, die Regierung gibt davon den anderen Garantiemächten keinerlei Nachricht, sie stellt erst ein Jahr später bei Grey eine Anfrage und verschweigt dabei die Quelle! Da heißt es dann: „Was ist da Erstaunliches?“

---

[17]) S. 162.

Erstaunlich ist das doppelte Maß, mit dem Waxweiler und viele Menschen messen. Bei der Spannung, die nicht durch Deutschlands Verschulden die Welt ergriffen hatte, war das gegenseitige Vertrauen der europäischen Großmächte untergegangen, dieses wahre Fundament der Neutralität Belgiens. Das neutrale Belgien ließ die Generalstabschefs Dinge tun, die der Neutralität ins Gesicht schlugen.

Belgien hatte — das ist durch die Aktenstücke bewiesen — aufgehört für Deutschland die Bürgschaft zu bieten, daß ein anderer Staat es nicht als Durchmarschland benutze. Die heutigen verantwortlichen Leiter Belgiens hatten die Worte des Begründers ihrer Dynastie vergessen: „Die Neutralität, wir können uns nicht genug davon überzeugen, ist der wahre Zweck unserer Politik. Sie aufrechtzuerhalten ehrlich, gesetzgemäß und stark muß unser ständiges Ziel sein [18]."

Die belgische Neutralität hielten die verantwortlichen belgischen Kreise für ein Nichts. Gleichwohl schreien sie heute in die Welt hinaus, sie sei verletzt worden von einem Staate, der, um seine Existenz ringend, nichts anderes begehrte als den freien Durchmarsch durch das Land, wozu ihn die militärische Lage zwang! —

Mit heller Schrift wird einst in der Geschichte zu lesen sein:

Belgien hat einen Salvaguardiabrief von Europa erhalten, das Land hat seit 83 Jahren unter seinem Schutze geblüht, vor allem der deutsche Nachbar hat dem Lande wirtschaftlichen Nutzen gebracht, Antwerpen erstarkte als Hafenstadt des reichsdeutschen Hinterlandes. Belgiens Neutralität ward

[18]) Rede vom 10. November 1840.

oft von Frankreich bedroht. Belgien selbst aber wurde die Neutralität eine Fessel, die Regierung wußte, daß England demnächst die Neutralität verletzen würde, sie hat insgeheim mit dieser Regierung weiter verhandelt und dadurch für Deutschland den Zweck der Neutralität aufgehoben.

Das Glück Belgiens hatte als Gegenpflicht Sicherung unseres deutschen Vaterlandes, der Flanke eines Staates, der eine friedliche Politik fern von jeder Angriffsabsicht führte. Belgien hat aber mit England darüber verhandelt, wie dieser Zweck der Neutralität für Deutschland aufgehoben werde. Für Deutschland handelte es sich nicht um einen Kabinettskrieg, sondern um einen seinem friedfertigen Kaiser, seiner den Frieden suchenden Regierung und seinem friedliebenden Volke aufgezwungenen unvermeidlichen Kampf um sein Dasein. Aus der Friedensliebe aller erhob sich das deutsche Volk in voller Einigkeit, edler und reiner, wie je ein Volk in der Weltgeschichte es getan hat. Die Schuld Belgiens wird keiner mehr leugnen wollen, der einer ruhigen Beurteilung der Dinge fähig ist.

Anhang:

Die Rede des belgischen Ministers de Favereau vom 8. Dezember 1909.

Während der Drucklegung ist mir nach vielen Bemühungen auch der Wortlaut der oben S. 106—112 gewürdigten Rede des Baron Favereau, wie er sich in den amtlichen Annales parlementaires findet, zugegangen.

Dadurch wird nun bekannt, daß dieser Minister der auswärtigen Angelegenheiten die Pflichten des belgischen Staates ebenso auffaßt, wie sie in meinen Ausführungen als bindend angegeben sind. Einen besseren Zeugen könnte ich mir für die Frontverpflichtung Belgiens gegen Frankreich, für das Verbot jeder Allianz und andere Auffassungen nicht wünschen.

Aber die meisten der in der Korrespondenz der Kreuzzeitung aufgeführten Sätze, die ein so helles Schlaglicht warfen, sind in dieser clair-obscure Rede nicht zu finden. Sind sie nun gesprochen worden oder sind sie frei erfunden worden oder aus den Gedanken der Rede gefolgert worden?

Der E-Korrespondent ist, wie sich aus seinen weiteren Berichten ergibt, ein in den Kreisen des Hofes, der Regierung und des Parlamentes wohlinformierter Zeuge von politischer und geschichtlicher Schulung, wie eine jede Zeile von ihm beweist.

Er steht auch nicht allein. Der Korrespondent der Frankfurter Zeitung hat von den Angaben über geheime Dokumente gehört, er weiß, daß die Rede Aufsehen erregt hat und ihm wird der meritorische Untergrund der Rede bestritten. So wie die Rede amtlich veröffentlicht ist, enthält sie zu alledem keinen Grund. Wohl aber geben die von dem E-Korrespondenten mitgeteilten Sätze Anlaß zum Anstoß. Es kann also darüber kein Zweifel bestehen, daß die Rede vor der amtlichen Drucklegung verkürzt worden ist.

Es ist weiter zwischen den nicht aufgenommenen Sätzen und den Gedanken der Rede kein Widerspruch. Schiebt man jene Sätze an den passenden Stellen ein, so läuft der Gedankengang glatt weiter.

Es ist sehr begreiflich, daß der Presse, die bei der Rede vertreten war, von der Regierung oder auch von dem Redner der Wink gegeben wurde, diese Stellen, die allerdings geeignet waren, großes Aufsehen zu erregen, fortzulassen. Wie die Regierung ein Interesse haben konnte, diese Rede nicht unverändert bekannt werden zu lassen, so hatte der Redner ein Interesse, durch die Wucht der halb enthüllten Tatsachen seine schwankenden politischen Freunde für seine Überzeugung zu gewinnen.

Die strengen Grundsätze historischer Kritik zwingen zu der Annahme, daß die Sätze des E-Korrespondenten wirklich ausgesprochen worden sind. Ich füge daher in kursivem Drucke die auf die E-Korrespondenz zurückgehenden Gedanken dem amtlichen Wortlaute ein.

Baron de Favereau beginnt seine Rede mit dem Gedanken, scheinbar seien in der Kammer schon alle Gedanken ausgesprochen. Er würde seiner Neigung folgend gern schweigen, aber es sei eine gebietende Pflicht für ihn, dem Lande seine internationalen Pflichten ins Gedächtnis zurückzurufen, die von einer nur zu großen Zahl seiner Mitbürger verkannt würden, und seinen verehrten Kollegen die Frucht seiner Betrachtungen und die Grundlagen seiner tiefen unerschütterlichen Überzeugung vorzutragen, die er sich während seines Aufenthaltes im Ministerium der auswärtigen Angelegenheiten gebildet habe.

„Zu einer großen Verschwiegenheit durch den vertraulichen Charakter der Unterhaltungen und der diplomatischen Aktenstücke verpflichtet, bedauere ich, vor Ihren Augen nicht gewisse, besonders beweisende Elemente ausbreiten zu können, die beigetragen haben, meine Meinung zu bilden. Gleichwohl hoffe ich, Sie für sie zu gewinnen, und bitte Sie, meine Herren, sie mit Ihrem gewohnten Wohlwollen und als den wahren Ausdruck der Überzeugung eines der Unabhängigkeit des Landes leidenschaftlich ergebenen Bürgers anzuhören."

Die Militärfrage sei von den Parteien als politische Waffe benutzt worden. So haben Kabinette verschiedener Richtung unübersteigliche Hindernisse gefunden für zwingend notwendige Projekte für die nationale Verteidigung.

Die Ursachen sind verschieden. Die einen sind gemein allen Ländern.

„Ein anderer Grund ist uns allein eigen.

Die öffentliche Meinung kennt nicht die wahre internationale Lage des Landes. Sie ist durch unsinnige Wahlpolemiken in Irrtum geführt. Man hat ihr gesagt und so oft wiederholt, daß Belgien, sich erfreuend der Garantie der fünf Mächte, in voller Sicherheit leben und sich entwickeln könne, daß unser ganzes Militär überflüssig und sozusagen ein reiner Luxus sei. Man hat ihr vorgestellt, daß alle Regierungen heimlichen Einflüssen nachgegeben hätten."

Solche Gedanken hätten — von seinen eigenen Freunden verbreitet — Beifall gefunden. Er tadele nicht ihren guten Glauben, er bedauere nur, daß sie die Pflichten, die die internationale Lage dem Lande auferlegt, nicht erfaßt hätten.

„Ihr Irrtum beruht auf drei Punkten: einer falschen Auffassung der belgischen Neutralität, einem unbeschränkten Vertrauen auf die Verträge und einer großen Unwissenheit über die internationale Lage Europas."

Nach ihrer Meinung hat Belgien als Wiegengeschenk von den fünf Mächten die von ihnen verbürgte Neutralität erhalten, als ein Geschenk ohne eine Last und ohne spezielle Verpflichtung.

„Das Königreich der Niederlande, die Schöpfung des Wiener Kongresses, hatte, als internationale Aufgabe ausgesprochen, als Barrière gegen die Ausdehnungsgelüste Frankreichs zu dienen."

„Die Revolution von 1830 brachte diesem Gebäude erheblichen Nachteil bei." Sie wurde in den nordischen Höfen mit Unzufriedenheit aufgenommen, die liberalen Höfe sahen mit Bedauern eine Ursache von Konflikten sich erheben.

Der Redner bezieht sich auf das Protokoll der Londoner Konferenz vom 20. Dezember, daß Belgien seinerseits die Pflicht habe, die europäischen Pflichten der Niederlande zu übernehmen. „Sa séparation d'avec la Hollande ne saurait la libérer de cette part de ses devoirs et de ses obligations." Derselbe Gedanke in anderen Protokollen, vor allem dem vom 19. Februar.

„Die Mächte suchten, indem sie gleichzeitig auf unsere Absichten nach Unabhängigkeit eingingen, dem Kriege zu entgehen, das durch die Verträge von 1814 und 1815 hergestellte Gleichgewicht zu erhalten und aus dem neuen Königreiche ein ständiges und solides Element des allgemeinen Friedens zu machen.

Die beiden ersten Ziele wurden dank der Mäßigung und Weisheit der Kabinette und der Geschicklichkeit der Diplomaten erreicht. Belgien war zu schwach, um für sich allein das dritte zu verwirklichen, um zu verhindern, daß sein Gebiet wieder werde, was es seit Jahrhunderten war, das Schlachtfeld Europas.

Um Europas Lage zu sichern, wurde die Neutralität geschaffen, keineswegs in dem besonderen Interesse des neuen Königreiches, sondern in dem des allgemeinen Friedens.

Die Mächte, die die Neutralität Belgiens verkündeten, verpflichteten sich, niemals sein Gebiet zu verletzen; aber zu gleicher Zeit beraubten sie es eines der Rechte, die allen souveränen Staaten zustehen, des Rechtes der Allianzverträge, und legten ihm eine Pflicht auf, sein Gebiet zu verteidigen, das zu erfüllen, was das Protokoll vom 20. Dezember besagt: „Den Teil, der ihm von den Verpflichtungen für das Königreich der Niederlande in den Verträgen von 1814 und 1815 zufällt."

Weiter behielten sich die Mächte durch die Garantie, welche sie der belgischen Neutralität bewilligten, das Recht vor, an der Verteidigung teilzunehmen."

Verpflichtung der Großmächte Belgien im Falle eines Angriffes zu schützen besteht nicht. Eine Pflicht, von diesem Rechte Gebrauch zu machen, spricht der Neutralitätsvertrag nicht aus.

„Wie weit weicht das Bild der Neutralität, so in seinen wesentlichen Zügen festgestellt, von der Vorstellung ab, die sich viele unserer Mitbürger von ihr machen.

So haben unsere Vorfahren von 1830, die sich besser von den Folgen, die die Neutralität nach sich zog, Rechnung gaben, weit davon entfernt, sie als eine Gunst zu begrüßen, als eine Last auf sich genommen.

Sie beraubt unser Land eines namentlich für einen schwachen Staat kostbaren Rechtes, das außerhalb Stützen zu suchen, besondere Bande mit anderen Staaten unter bestimmten Umständen zum gegenseitigen Vorteile beider Teile einzugehen.

Sie legte ihm die Pflicht auf, die Verpflichtungen zu erfüllen, die der Vertrag von Wien dem alten Königreiche der Niederlande auferlegt hatte.

Wer wird behaupten, daß diese Verpflichtungen nicht darin bestehen, mit den Waffen gegen einen Angriff, wo immer er herkommt und was seine Ursache ist, das Werk der Diplomatie zu verteidigen und diese Barrière aufrechtzuerhalten, die ohne Zweifel gegen die

Vergrößerungsabsichten Frankreichs gerichtet ist, die aber auch andere nicht besetzen und sich aneignen können — und sei es auch nur zum Teil — ohne das Gleichgewicht Europas zu schädigen.

Die Verpflichtung, für seine Verteidigung wirksam zu sorgen, ist daher nicht allein für Belgien wie für einen jeden anderen Staat eine Pflicht gegen sich selbst, sondern eine ihm vertraglich von Europa auferlegte Pflicht.

Man stelle uns diese von den fünf Mächten unterschriebene Garantie nicht als durch das Gefühl wohlwollenden Interesses für das neue Königreich eingegeben hin.

Auch hier folgten die Mächte den Anforderungen der europäischen Ordnung.

In den Augen der zu London vertretenen Mächte würde der Besitz des belgischen Gebietes durch einen seiner Nachbarn für diesen eine solche Vermehrung seiner Macht bedeutet haben, daß sein Einfluß dadurch vorwiegend werden würde. Und England würde sich in seiner Sicherheit bedroht geglaubt haben, wenn der große Hafen, der in kurzer Entfernung seinen Küsten gegenüber liegt, in die Hände einer der großen Festlandsmächte geraten wäre.

Die garantierenden Staaten haben in ihrem eigenen Interesse sich einen Rechtstitel bewahren wollen, um einzugreifen in dem Sinne der Aufrechterhaltung der Lösung, der sie 1830 den Vorzug gaben.

Sie sehen, meine Herren, daß, wenn man den Wert dieser Garantie erforscht, man sich davon überzeugt, daß sie nicht besonders durch großherzige Gefühle gegenüber Belgien, sondern durch Gründe, die den Mächten eigentümlich sind, eingegeben worden ist. Und man kommt zu dem Schlusse, daß ihre Intervention zu unseren Gunsten, wenn der Augenblick gekommen ist, dort seine Grenze finden wird, wo ihre eigenen Interessen es ihnen befehlen."

Im Jahre 1870 hätte England ganz gewiß das Eindringen französischer Truppen in Belgien verhindert, weil es sein Interesse so erforderte und weil damals zwischen Frankreich und England kein Bündnisverhältnis bestand. Dies hat sich jetzt geändert. Frankreich und England haben die Entente geschlossen, und sollte sich ein deutsch-französischer Krieg wiederholen, so wäre es mehr als zweifelhaft, ob England sich entschließen würde, dem wenn nicht förmlich verbündeten, so doch eng befreundeten Frankreich in die Arme zu fallen, falls dieses es für ersprießlich halten sollte, seine Truppen durch belgisches Gebiet marschieren zu lassen. Daß in einem derartigen Falle aber von einer anderen Seite als England Hilfe gebracht werden könnte, wird selbst der größte Optimist nicht behaupten können. Der ehemalige Minister des Äußeren machte die weitere Enthüllung, daß ihm während seiner Amtsführung Dokumente zu Gesicht kamen, die in zweifelloser Weise beweisen, daß Belgien im Falle eines deutsch-französischen Krieges diesmal nicht auf die Hilfe Englands, sondern ausschließlich auf die eigene Kraft rechnen könne.

„Ich habe Ihnen die Opfer, die Verpflichtungen, welche für uns aus der Neutralität sich ergeben, auseinandergesetzt, die in den Verträgen stehende Garantie auf ihren wahren Wert zurückgeführt; ich würde Ihnen aber nicht meine ganze Meinung gesagt haben, wenn ich nicht die Vorteile anerkennte, die wir aus der Neutralität gezogen haben.

Die Neutralität hat uns auf dem internationalen Gebiete die Führungslinie angewiesen, die am besten unserer besonderen Lage entspricht; sie hat uns diese unparteiische Haltung des gleichen Wohlwollens gegen alle anderen Staaten erleichtert, die Haltung, die am besten dem Lande entspricht.

Ohne Zweifel würden wir ohne sie dieselbe Politik haben führen können, wie es mit Erfolg unsere nordische Nachbarin getan hat, aber unsere Stellung als Neutrale hat uns die interessierten Bitten erspart, die abzulehnen zuweilen schwer ist, ohne die besten Beziehungen zu stören.

Es ist billig, diese Wohltat anzuerkennen. Es gibt noch etwas Wichtigeres, das in meinen Augen gewissermaßen die Entschädigung für die Lasten der Neutralität darbietet. Das ist das besondere Wohlwollen, daß die Mächte unaufhörlich der Nation bewiesen haben, deren Unabhängigkeit durch ihre wirksame Beihilfe begründet worden ist.

Dieses wertvolle Wohlwollen hat dem Lande erlaubt, sich nach allen Richtungen, der materiellen, wirtschaftlichen, geistigen, künstlerischen, wissenschaftlichen und moralischen zu entwickeln. Es hat niemals gefehlt.

Ich hege das Vertrauen, daß es fortgesetzt wird. Aber wenn eines Tages eine der großen Mächte uns gegenüber eine andere Stellung einnehmen sollte, wenn sie, aus unserer Isolierung, die gezwungener Weise ohne Allianz ist, Nutzen ziehend versuchen sollte, in einer wichtigen Sache uns eine Lösung aufzulegen, die unsere Rechte oder unsere Interessen mißachten würde, so wäre das der letzte Tag der belgischen Neutralität.

Und es wären dann nicht wir, die sie aufgekündigt hätten, sondern der, der, seine Kraft mißbrauchend, uns der Vorteile der Neutralität beraubt hätte, um uns nur ihre Lasten zu lassen.

Wenn, was Gott verhüten möge, eine solche beklagenswerte Lage einträte, so würden die schwersten Entschlüsse der belgischen Regierung auferlegt sein.

Sie müßte außerhalb der Verträge von 1839 Hilfe und die notwendige Deckung suchen."

Der Redner zog schließlich aus seinen Ausführungen noch den Schluß, daß der ganze Neutralitätsvertrag für Belgien völlig wertlos geworden sei, und daß dieses Land ein Interesse daran habe, von den Fesseln eines Vertrages befreit zu werden, der ihm tatsächlich keinerlei Schutz gewährt, aber seine Handlungsfreiheit beeinträchtigte. Bestände der Neutralitätsvertrag nicht, so könnte Belgien in einer regelrechten Allianz mit einer starken Großmacht die Bürgschaft finden, die ihm der Neutralitätsvertrag nicht gewährt, jene Bürgschaft, die sich die Großmächte untereinander durch ihre Allianzen verschaffen. Herr de Favereau ist fest überzeugt, daß Belgien, falls es einmal gezwungen sein sollte, seine Armee zur Landesverteidigung ins Feld zu schicken, die Gelegenheit nicht vorübergehen lassen werde, den veralteten und unwirksamen Neutralitätsvertrag von sich abzuschütteln und ohne Rücksicht auf diesen diejenige Allianz zu schließen, die seinen Interessen nützlich erschiene.

„Aber, wird man mir sagen, was macht Ihr mit den Verträgen? Haben die Mächte sich nicht verpflichtet, unser Territorium zu achten? Denken Sie, daß sie die Absicht haben, es zu verletzen?

Ich habe Vertrauen in die Loyalität der Mächte.

Ich glaube ehrlich, daß sie den festen Willen haben, ihrer vor 80 Jahren gegebenen Unterschrift Ehre zu erweisen, wenn wir unsererseits alle unsere internationalen Pflichten erfüllen.

Hat man sie nicht 1870 uns ins Gedächtnis zurückgerufen. Haben die Kriegführenden nicht die Achtung unserer Grenzen von der Wirksamkeit des Widerstandes, den wir dem einbrechenden entgegenstellen könnten, abhängig gemacht?

Ich habe an anderer Stelle daran erinnert, daß im Augenblicke der Erklärung des deutsch-französischen Krieges, die Gesandten Belgiens in Paris und Berlin nach den Mitteln gefragt wurden, über die wir verfügten, unsere Neutralität zu schützen. Unsere Antwort war kategorisch und fest und die sofort von der belgischen Regierung ergriffenen Maßregeln führten zur Entwaffnung der Truppen, die zufällig unsere Grenze überschritten.

Diese geschichtlichen Tatsachen enthalten eine friedliche Lehre, über die wir nicht genug Betrachtungen anstellen können.

Heute, wie 1870, habe ich die Überzeugung, daß, wenn ein ähnlicher Konflikt zwischen unseren Nachbarn entstände, unser Gebiet nicht geachtet werden würde, es sei denn, daß wir imstande wären, es zu schützen und wirksam unsere internationalen Pflichten zu erfüllen.

Ich habe diese tiefe Überzeugung von meinem Amte der auswärtigen Angelegenheiten mitgenommen. Ich bedaure, Ihnen nicht alle ihre Grundlagen liefern zu können, da sie naturgemäß vertraulich sind.

Der Widerstand, den die Maßregeln der Militärorganisation finden, beruht, wie ich sagte, in der Gleichgültigkeit der Allgemeinheit Belgiens gegenüber den internationalen Fragen.

Sehr wenige verfolgen sie bei uns mit Interesse und so entgehen sehr oft die Gefahren, denen wir ausgesetzt sind, dem Blicke der öffentlichen Meinung.

Daher eine Ruhseligkeit, eine falsche Sicherheit.

Ich würde Ihre Geduld mißbrauchen, wenn ich an alle die Umstände, die uns während 80 Jahre beinahe in internationale Konflikte gebracht hätten, erinnern wollte. Würden wir nicht erlegen sein, wenn die Regierung des zweiten Kaiserreiches mit mehr Umsicht und Entschlossenheit von den Suggestionen, durch welche sich 1866 Österreich und Preußen, die vor dem Kampfe standen, sich ihr Wohlwollen zu versichern suchten, Gebrauch zu machen verstanden hätte?

Es ist in dieser Zeit ein von Süden her kommender Angriff, den wir zu fürchten hatten, und um dem Trotz zu bieten, bauten wir die Befestigungen von Antwerpen, die im Falle des Einbruchs erlaubt hätten, wie die neuen Befestigungen es uns erlauben werden, die Regierung in Sicherheit zu bringen und die Hilfe zu erwarten, die unsere Garanten, in Erfüllung ihrer Pflicht, uns zu leihen ein Interesse haben werden.

1870 und später hat die Gefahr, in europäische Konflikte hereingezogen zu werden, einen anderen Charakter angenommen; es ist nicht mehr ein direkter Angriff, der uns bedroht, sondern eine Verletzung bei Gelegenheit eines Konfliktes an unseren Grenzen.

Ich habe schon gesagt, wie wir unter wertvoller Beihilfe Großbritanniens vor 40 Jahren diese Gefahr beseitigt haben, und seitdem haben wir, um besser imstande zu sein, sie zurückzuweisen, uns eine starke Verteidigungslinie an der Maas geschaffen.

Die erheblichen Änderungen, die in der Lage Europas sich vollzogen haben, sind wohl geeignet, uns große Besorgnisse zu erregen.

Frankreich ist aus seiner Vereinzelung herausgetreten und hat einen Verbündeten gewonnen.

Wird die neue Politik, die England angenommen zu haben scheint, ihm erlauben, in Zukunft die wohlwollende Rolle weiter zu spielen, von der wir bisher die Wohltat genossen haben?

Wird es nicht im Augenblicke der Gefahr durch Bande gefesselt sein, die ihm gegenüber einem der Kriegführenden der vollständigen Unabhängigkeit beraubten, so daß es seine Tätigkeit noch wirksam zu unseren Gunsten ausüben könnte?

Und doch, je mehr man daran denkt, um so mehr überzeugt man sich, daß es nicht zustimmen kann, daß Antwerpen in die Hände einer großen Festlandsmacht falle.

Wenn wir unfähig wären, diesen großen Hafen zu behaupten, wenn er weder Frankreich noch Deutschland gehören soll, welche Lösung bietet sich dann unserer Einbildungskraft?

Und natürlich schleichen sich ins Gedächtnis die Anstrengungen, die Großbritannien bei einer Belagerung von elf Monaten gemacht hat, um Calais zu erobern und es zwei Jahrhunderte hindurch zu behalten.

Ich stelle die Fragen, ich nehme es mir nicht heraus, sie zu lösen, es genügt, daß die Fragen geformt sind, auf daß ein Volk, das sich seiner Pflichten bewußt ist und Herr seiner Schicksale, versuche, die Gefahren zu erkennen und mit Festigkeit und Entschlossenheit die Maßregeln ergreife, die bestimmt sind, sie abzuhalten."

Der Redner tritt dann in die Geschichte der belgischen Militärvorlagen ein und begründete die neue.

Baron Favereau schließt mit einem Appell an seine Freunde von der Rechten. Das Gesetz sei unpopulär, so sage man. Sicher nicht in den Kreisen der Arbeiter und die Bourgeoisie, aufgeklärt über die internationalen Pflichten, belehrt durch die Geschichte — ein einziger Fehler hat uns den dauernden Verlust einer der Provinzen gekostet — werde edelmütig das Opfer — und sei denn der persönliche Dienst ein Opfer — bringen, das das Vaterland verlange. (Sehr gut! auf zahlreichen Bänken.)

„Unterstützen wir, teure Freunde, das Haupt der Regierung, das, mit Beleidigungen, Verleumdungen . . . überschüttet, leidenschaftslosen Herzens, hoher Seele, der Gegenstand war seiner patriotischen Sorgen." (Sehr gut und Beifall auf zahlreichen Bänken rechts und links. Der Redner empfängt die Glückwünsche seiner Freunde.)

Deutsche Kriegsschriften

6. Heft

Der Sinn deutschen Kolonialbesitzes

Von

Kurt Wiedenfeld
orb. Professor an der Universität Halle

Preis 80 Pfennige

Inhaltsverzeichnis:

A. Marcus & E. Webers Verlag (Dr. jur. Albert Ahn) in Bonn

Druck: Otto Wigand'sche Buchdruckerei G. m. b. H., Leipzig

FSC
www.fsc.org
MIX
Papier | Fördert
gute Waldnutzung
FSC® C083411

Kolibri 360 GmbH
Ferdinand-Jühlke-Straße 7
99095 Erfurt, Deutschland
produktsicherheit@kolibri360.de